考え、議論する道徳授業への転換

自己を見つめ、他者との関わりを深める道徳授業

赤堀博行 監修
盛岡市立河北小学校 著

教育出版

発刊に寄せて

　私が初めて盛岡市立河北小学校を訪れたのは、平成22年10月29日のことです。この時は、道徳教育の研究校として、子どもたちの心を育てる集会活動などとともに特別支援学級を含めたすべての学級で道徳の時間の授業が公開されました。それらの授業のすべてが道徳の時間の特質を生かした学習でした。授業中の子どもたちの様子で感心したことは、どの学級でも、子どもたちが発言する友達の方に体を向けて、よく聞いていたことです。相手を敬う基本は、相手の話をよく聞くことです。この学校ではこのことがしっかりと指導され、子どもたちはそのことを身に付けていたのです。

　公開授業後、校長室での懇談で子どもたちの聞く姿勢を話題にすると、第19代校長稲垣キツ子先生は、「本校では、20年間、道徳教育を中核に据えた教育を行っている」ことを話されました。しかし、研究発表会では、そのことにふれずに、地道な実践を淡々と報告していただけでした。河北小学校では道徳教育を粛々と積み重ねてきたといえるでしょう。

　平成27、28年度、河北小学校は文部科学省国立教育政策研究所の教育課程研究指定校となったことから、再び学校訪問の機会を得ました。平成27年3月には、学校教育法施行規則及び学習指導要領の一部改正の告示が公示され、「考え、議論する道徳」への転換を図ることに関心が集まり、多くの学校で「特別の教科　道徳」の実施に向けて暗中模索している状況でした。日々の授業改善が重要なことは言うまでもありませんが、「考え、議論する道徳」はどうあるべきかという問いは、これまで「考え、議論する道徳」を行っていなかったために起こるものではないでしょうか。

　道徳授業は、昭和33（1958）年の道徳の時間の設置以来、道徳的価値に関わることを自分事として主体的に考え、友達同士の話合いを通して自らの考え方、感じ方を深めていくものであることに変わりはありません。河北小学校は、これまでも子どもたちが道徳的価値を自分自身との関わりで考え、話合いを通して道徳的価値の自覚を深める学習を行ってきています。「考え、議論する道徳」は、特定の型があるということではありません。授業者が子どもたちに考えさせるべきことを明確にもって授業を構想するものです。本書は、これまでの実践を改めて「考え、議論する」という視点から見直したものです。それぞれの実践にこめられた河北小学校の先生たちの思いを、ぜひ参考にしていただきたいと願っております。

　終わりに、本書の上梓に当たって、ご尽力くださいました教育出版の阪口建吾氏に心より謝意を表します。ありがとうございました。

帝京大学大学院教授
前文部科学省教科調査官　　赤堀　博行

はじめに

　多くの尊い命が失われた東日本大震災津波発災から、6年以上が経過いたしました。この間、本校では、「10年後、20年後の岩手の復興・発展を担う子どもたちを育成することが、岩手の教育の使命である」という「いわての復興教育」の考えに基づき、郷土を愛し、その復興発展を支える人づくりを進めてまいりました。

　それは、「人間尊重の精神と生命に対する畏敬の念を前提に、人が互いに尊重し協働して社会を作っていく上で共通に求められるルールやマナーを学び、規範意識などを育むとともに、人としてよりよく生きる上で大切なものとは何か、自分はどのように生きるべきかなどについて、時には悩み、葛藤しつつ、考えを深め、自らの生き方を育んでいく」という道徳教育の考えを根幹にして取り組んだ歩みでもありました。

　そのような中、平成26年10月に、中央教育審議会が「道徳に係る教育課程の改善等について」答申を行いました。そして、この答申を踏まえて、平成27年3月27日に学校教育法施行規則の一部が改正され、道徳を「特別の教科である道徳」とするとともに、移行措置期間を経て平成30年度より全面実施されることになりました。

　そこで、平成4年度より、20余年にわたって道徳教育の研究を学校経営の基盤としてきた本校にとって、改正の趣旨を十分に理解するとともに、今までの取組を見直し、新たな研究に歩み出したいと考え、平成27年度より2年間、国立教育政策研究所の教育課程研究事業の指定をいただき、研究を進めてきました。

　この2年間の研究では、本校が継続して掲げてきた「思いやる心とたくましさを育てる道徳教育」を主題とし、時代の要請や子どもたちの実態を踏まえた副主題を設定しながら、①道徳教育の重点目標に基づく全体計画の作成と実施の工夫、②各教科等の特質を生かした道徳教育の工夫、③道徳の時間の指導の工夫を中心に研究に取り組んできました。そして、これらを通して思いやる心とたくましさを持った子どもたちに育てるとともに、道徳の時間の確実な実施と質的な向上を図る指導方法を明らかにしてきました。

　この度、これまで本校が実践してまいりました成果を、研究図書にまとめることができました。そして本書が「考え、議論する道徳授業」への転換のために、手がかりとして活用されることを願うものです。

　結びになりますが、本書への監修及び玉稿を賜りました、前文部科学省初等中等局教育課程課教科調査官　赤堀博行氏に心から感謝申し上げます。

前盛岡市立河北小学校校長　　千葉　亨

目　次

序　章

「特別の教科　道徳」の実施に
向けた授業改善の要点

はじめに

　平成27年３月27日に、学校教育法施行規則の一部を改正する省令が制定され、また、小学校学習指導要領の一部を改正する告示、中学校学習指導要領の一部を改正する告示及び特別支援学校小学部・中学部学習指導要領の一部を改正する告示が公示され、これからの道徳教育の目標、内容等が明示された。

　小学校においては平成30年度から、中学校においては平成31年度から新しい学習指導要領に基づいた「特別の教科　道徳」（以下「道徳科」と言う）が全面実施となる。

1　道徳教育の教育課程上の位置付け

　学校における教育課程の枠組は、学校教育法施行規則において規定されている。今次の学習指導要領の改正は、小学校、中学校及び特別支援学校小学部・中学部の教育課程における領域としての「道徳」を「特別の教科である道徳」としたものである。平成30年度からは、小学校の教育課程については、各教科、特別の教科である道徳、外国語活動、総合的な学習の時間、特別活動の５領域で編成することになる。そして、これまでの「道徳の時間」が「特別の教科道徳（道徳科）」に改められる。

　なお、私立学校における「宗教をもって道徳に代えることができる」特例については変更していない。

2　学習指導要領の一部改正の概要

　今次の学習指導要領の改正においては、道徳教育に関わるさまざまな事項の示し方が改められている。

　これまでの道徳の時間を要として学校の教育活動全体を通して道徳教育を行うこととされてきた基本方針に変わりはない。大きく変わったのは、道徳教育の学習指導要領への示し方である。これまでは、「第１章　総則」に道徳教育の目標を示し、具体的な規定等は、教育活動全体で行う道徳教育についても道徳の時間ついても、「第３章　道徳」に示していた。

　この度の改正では、学校の教育活動全体を通じて行う道徳教育に関することは、「第１章総則」に、道徳の時間に代えて位置付ける道徳科に関することは、「第３章　特別の教科　道徳」にそれぞれ示している。

(1) 学校の教育活動全体を通じて行う道徳教育

（第１章　総則　第１　教育課程編成の一般方針の２）
（小学校）
　道徳教育は、教育基本法及び学校教育法に定められた教育の根本精神に基づき、自己の生き方を考え、主体的な判断の下に行動し、自立した人間として他者と共によりよく生きるための基盤となる道徳性を養うことを目標とする。
（中学校）
　道徳教育は、教育基本法及び学校教育法に定められた教育の根本精神に基づき、人間としての生き方を考え、主体的な判断の下に行動し、自立した人間として他者と共によりよく生きるための基盤となる道徳性を養うことを目標とする。

　学校の教育活動全体を通じて行う道徳教育の目標については、児童生徒の道徳性を養うという趣旨を明確にし、小学校においては「自己の生き方を考える」ことなどを、中学校においては「人間としての生き方を考える」ことなどを通して目標に向かう旨が示された。

　また、道徳科を要として学校の教育活動全体を通じて行う道徳教育の内容については、「第３章　特別の教科　道徳」の第２に示す内容とすることを明記した。

　道徳教育を進めるに当たっての配慮事項としては、道徳教育の目標を踏まえて道徳教育の全体計画を作成するとともに、校長の方針の下に、道徳教育推進教師を中心として全教師が協力して道徳教育を展開すること、また、道徳教育の全体計画の作成に当たっては、児童、学校及び地域の実態などを考慮して、学校の道徳教育の重点目標を設定するとともに、道徳科の指導方針や内容との関連を踏まえた各教科、外国語活動、総合的な学習の時間及び特別活動における指導の内容及び時期並びに家庭や地域社会との連携の方法を示すことが明記されている。なお、このことについては、『学習指導要領解説　総則編』において全体計画に「別葉にして加える」ことが示されている。

　重点的に扱うことが求められる事項として、他者を思いやる心を育てることが各学年を通じて行う道徳教育に加えられた。また、低学年では社会生活上のきまりを守ること、中学年においては、善悪を判断し、正しいと判断したことを行うこと、高学年においては、集団生活の充実に努めること、伝統と文化を尊重し、それらを育んできた我が国と郷土を愛するとともに、他国を尊重することなどが加えられている。

　また、今次の改正のきっかけの一つであるいじめへの対応なども考慮し、学校の教育活動全体を通じて行う道徳教育がいじめの防止や安全の確保等にも資することとなるよう留意する旨が示された。

　家庭や地域社会との連携に関しては、道徳教育の全体計画や道徳教育に関する諸活動などの情報を積極的に公表することなどにより、家庭や地域社会との共通理解を深め、相互の連携を図ることが掲げられた。

(2) 特別の教科道徳

① 目標の改善

> 第1章総則の第1の2に示す道徳教育の目標に基づき、よりよく生きるための基盤となる道徳性を養うため、道徳的諸価値についての理解を基に、自己を見つめ、物事を多面的・多角的に考え、自己の生き方についての考えを深める学習を通して、道徳的な判断力、心情、実践意欲と態度を育てる。

道徳科の目標については、道徳科に特化した目標として明示された。これまでの「道徳的価値の自覚及び自己の生き方についての考えを深め」ることについては、道徳的価値について自分との関わりも含めて理解し、それに基づいて内省し、多面的・多角的に考えることなど趣旨を明確化するため、「道徳的諸価値についての理解を基に、自己を見つめ、物事を多面的・多角的に考え、自己の生き方についての考えを深める」と改めた。また、育成すべき資質・能力を明確にするために、道徳的実践力を道徳的な判断力、心情、実践意欲と態度として示している。

② 道徳科で行うべき学習

今次の目標には、道徳科の授業において行うべき具体的な学習が示されている。それぞれについて具体的に考察する。

ア 道徳的諸価値について理解する

道徳的価値とは、よりよく生きるために必要とされるものであり、人間としての在り方や生き方の礎となるものと捉えることができる。

学校教育においては、これらの道徳的価値のうち発達の段階を考慮して、児童一人一人が道徳的価値観を形成する上で必要なものを内容項目に含めて取り上げている。今次の改正においては、内容項目に「善悪の判断、自律、自由と責任」「親切、思いやり」「規則の尊重」「生命の尊さ」など、その内容を端的に表す言葉を付記している。内容項目によって含まれる道徳的価値の数は多様である。

道徳的価値を理解することは、児童が将来、さまざまな問題場面に出合ったときに、その状況に応じて自己の生き方を考え、主体的な判断に基づいて道徳的実践を行う上で不可欠である。答えが一つではない問題に出合った際に、その状況においてよりよい行為を選択できるようにするためには、道徳的価値について単に一面的なきまりきった理解ではなく、道徳的価値を多面的・多角的に理解しておくことが求められる。

具体的には、道徳的価値が人間としてよりよく生きる上で大切なこと、意義があることと理解することである。「よく考えて、度を過ごさないように生活することは大切なことである」「相手の気持ちを考えて親切にすることは、人間関係を良好に保つ上で必要なことである」などとする理解（価値理解）である。

また、道徳的価値は人間としてよりよく生きる上で大切なことではあるが、それを実現することは容易なことではないといった理解（人間理解）である。「友達と仲よく協力することは

大切なことだが、つい自分のことばかり考えて言い合いをしてしまうことがある」「みんなのためになる仕事をすることは大事であるが、つい怠けてしまうことがある」などの理解も必要である。

　さらに、道徳的価値を実現したり、あるいは実現できなかったりする場合の考え方や感じ方は、人によって異なる、また、状況によっては一つではないということの理解（他者理解）である。「みんなで過ごす場所で正しく振る舞うことについても、さまざまな考え方、感じ方がある」「公正、公平に振る舞えないことの背景にはさまざまな考え方、感じ方がある」などの理解も求められる。

　道徳的価値の意義や大切さを理解するとともに、道徳的価値が人間らしさを表すものであることに気付き、価値理解と同時に人間理解や他者理解を深めていくようにすること、つまり多面的・多角的な理解が重要である。道徳科の授業において道徳的価値の理解を図ることは不可欠である。その際に、どのような理解を中心に学習を展開するのかは、授業者の意図によることは言うまでもない。自立した人間として他者と共によりよく生きるための基盤となる道徳性を養うには、道徳的価値について理解する学習を欠くことはできない。

　なお、道徳的価値の意義やよさを観念的に理解させる学習に終始することは一面的な理解にとどまるとともに、ともすると道徳的価値に関わる特定の価値観の押し付けになることにもつながりかねないので留意しなければならない。

イ　自己を見つめる

　道徳授業で最も大切なことは、児童が道徳的価値を自分との関わりで考えられるようにすることである。人間としてよりよく生きる上で大切な道徳的価値を観念的に理解するのではなく、自分のこととして考えたり感じたりすることが重要である。

　自己を見つめるとは、今までの自分の経験やそれに伴う考え方、感じ方を想起し、確認することを通して道徳的価値に関わる自分の現状を認識し、道徳的価値についての考えを深めることであると言える。こうした学習を通して、児童は、道徳的価値に関わる自らの考え方、感じ方を自覚し、自己理解を深める。そして、自分の現状を認識することは自らを振り返って成長を実感するなど自己理解を深めることにつながる。こうした学習が、児童一人一人のこれからの課題や目標を培うことにもなるのである

ウ　物事を多面的・多角的に考える

　児童が将来出合うであろうさまざまな問題は、決して答えが一つであるとは限らない。例えば、困っている人に手を差し伸べることは一般的には大切なことと言える。しかし、場合によっては手を差し伸べることがかえって不親切になることもある。

　「女の子と母親」（文部省『小学校道徳の指導資料とその利用　3』1980年）という読み物教材がある。幼い女の子が転んで泣いている。主人公がその状況を見て抱き起こそうとしたとき、その母親は手を差し伸べようとしない。女の子の自立のためには、手を差し伸べることではなく、手を差し伸べずに見守るということも大切であるということを、自分との関わりで考えることを意図した教材である。

親切とは、相手の立場や気持ちを考えて手を差し伸べることでもあり、見守ることでもある。また、親切にすることは大事なことではあるが、状況によっては親切にすることが難しい場合もある。できないこともあるといった理解もできなければならない。つまり、親切をさまざまな面から考察し、親切についての理解を深められるよう多面的に考えることが求められる。

　一方、親切に関わる行為の態様は限りないが、それらの行為は親切という道徳的価値だけで考えられるものではない。

　「おじいさんの顔」（『文部省　道徳の指導資料　児童作文』1970年）という読み物教材がある。主人公が電車に乗ってようやく座ることができたと思ったら、荷物を抱えたおじいさんが乗車してきて主人公の前に立つ。主人公は席を譲ろうか否か思い悩む。この状況では、おじいさんのことを思いやって席を譲ろうとする親切が中心となるが、それだけで片付けられることでもない。「『どうぞ』と言って席を譲って、断られたらどうしよう」なかなか言い出せない。親切な行為には勇気も必要になるものだ。また、これまでさまざまな高齢者との関わりがあり、自分たちの生活の基盤をつくった高齢者には感謝の気持ちをもつことが必要だ。このように一定の道徳的価値について考えていく中で、異なる道徳的価値との関わりに気付くことも少なくない。一定の道徳的価値から関連する他の道徳的価値に広がりをもたせて考えるようにする多角的な理解も大切である。

　このように物事を多面的・多角的に考える学習を通して、児童一人一人は、価値理解と同時に人間理解や他者理解を深めたり、他の道徳的価値との関わりに気付いたりもする。このような学習が、道徳的価値に関わる考え方や感じ方を深め、同時に自己理解をも深めることにつながるのである。

　道徳科においては、児童が道徳的価値の理解を基に物事を多面的・多角的に考えることができるような授業を構想することが大切である。道徳的価値の理解は、道徳的価値自体を観念的に理解するような一面的なものではなく、道徳的価値を含んだ事象や自分の経験やそれに伴う考え方、感じ方を通して、そのよさや意義、困難さ、多様さ、他の道徳的価値とのつながりなどを理解することが重要である。

エ　自己の生き方についての考えを深める

　道徳授業の特質として第一に押さえるべきことは、児童が道徳的価値に関わる諸事象を自分との関わりで考えることである。児童が道徳的価値の理解を自分との関わりで図り自己を見つめるなどの道徳的価値の自覚を深めているとすれば、その過程で同時に自己の生き方についての考えを深めている。道徳授業を構想するに当たっては、道徳的価値の理解を自分との関わりで深めたり、自分自身の体験やそれに伴う考え方や感じ方などを確かに想起したりすることができるようにするなど、特に自己の生き方についての考えを深めることを強く意識して指導することが重要である。

　授業構想に際しては、児童が道徳的価値の自覚を深めることを通して形成された道徳的価値観を基に自己の生き方についての考えを深めていくことができるような学習展開を工夫したいところである。自己の生き方についての考えを深めるためには、例えば、児童がねらいとする

道徳的価値に関わる事象を自分自身の問題として受け止められるようにしたり、多様な考え方や感じ方にふれることで他者理解を深めながら自分自身を深く見つめたりできるようにすることが考えられる。

③ 道徳性の諸様相の捉え方

道徳科における学習は、「道徳的な判断力、心情、実践意欲と態度を育てる」ために行うものである。道徳性とは、人間としてよりよく生きようとする人格的特性であり、道徳教育は道徳性を構成する諸様相である道徳的判断力、道徳的心情、道徳的実践意欲と態度を養うことを求めている。これまで道徳授業の目標を道徳的実践力の育成としていたが、育成すべき資質・能力を明確にするために、道徳的実践力を道徳的な判断力、心情、実践意欲と態度として示したことは前述のとおりである。

道徳性の諸様相についてはさまざまな学説があるが、学校教育において道徳教育を行うに当たっては、道徳的な判断力、心情、実践意欲と態度の内面的資質として捉えることとしている。

道徳性の諸様相については、以下のように捉えるようにしたい。これらの道徳性の諸様相には、特に序列や段階があるということではない。道徳性は、一人一人の児童が道徳的諸価値の理解を基に、自己を見つめ、物事を多面的・多角的に考えるなど道徳的価値を自覚し、自己の生き方についての考えを深めることを通して、日常生活あるいは今後出合うであろうさまざまな場面、状況において、道徳的価値を実現するための適切な行為を主体的に選択し、実践することができるような内面的資質を意味している。

学校の教育活動全体を通じて行う道徳教育と同様に、道徳性を養うことを目的とする道徳科においては、教師が一方的に特定の価値観を押し付けたり、多くの道徳的価値を含む事象としての単なる生活経験の話合いなどの場当たり的な指導になったりすることのないように特に留意しなければばらない。一人一人の教師が道徳授業の特質についての理解を深めることが、それにふさわしい指導の計画や方法を講じ、指導の効果を高める工夫につながるのである。

道徳性は、一朝一夕に養われるものではない。道徳授業を丹念に積み上げること、つまり、

道徳性の諸様相とその概要

様　相	概　　要
道徳的判断力	・それぞれの場面において善悪を判断する能力。 ・人間として生きるために道徳的価値が大切なことを理解し、さまざまな状況下において人間としてどのように対処することが望まれるかを判断する力。 ・的確な道徳的判断力をもつことで、それぞれの場面において機に応じた道徳的行為が可能になる。
道徳的心情	・道徳的価値の大切さを感じ取り、善を行うことを喜び、悪を憎む感情。 ・人間としてのよりよい生き方や善を志向する感情で、道徳的行為への動機として強く作用するもの。
道徳的実践意欲	・道徳的心情や道徳的判断力によって価値があるとされた行動をとろうとする傾向性。 ・道徳的判断力や道徳的心情を基盤として道徳的価値を実現しようとする意志の働き。
道徳的態度	・具体的な道徳的行為への身構え。

徐々に、着実に道徳性を養うことによって、潜在的、持続的な作用を行為や人格に及ぼすようになるのである。長期的な展望と綿密な指導計画に基づいた指導が道徳的実践につながることを再確認したい。

④ 指導上の配慮事項等の改善

　指導上の配慮事項として、問題解決的な学習、道徳的行為に関する体験的な学習等を適切に取り入れるなど指導方法を工夫することなどが示された。道徳科の授業は、特定の型があるのではなく、授業者の意図、児童の実態を基に、特質を生かした多様な指導方法を工夫することが求められる。今後は、問題解決的な学習、体験的な学習などの好実践を期待したいところである。

　教材の留意事項では、ねらいを達成するのにふさわしいものであることや、特定の見方や考え方に偏った取扱いがなされていないものであることなどの観点に照らし適切と判断されるものであることを示している。

　評価についての記述は、「第3章　特別の教科　道徳」に示されていることから、道徳性そのものを評価するのではないことがわかる。つまり、日常の児童の様子を見て道徳性が養われたか否かを評価するのではなく、道徳科における児童の学習状況や道徳科の授業を積み上げることによる道徳性に係る成長の様子を継続的に把握し、指導に生かすよう努める必要があることとしているのである。数値などによる評価を行わないことは、従前通りである。

　留意事項としては、他の児童との比較による相対評価ではなく、児童生徒がいかに成長したかを積極的に受け止め励ます個人内評価として行うこと、他の児童と比較して優劣を決めるような評価はなじまないこと、個々の内容項目ごとではなく、大くくりなまとまりを踏まえた評価を行うことなど挙げられる。

3　これからの道徳教育に期待されること

　今回の道徳の「特別の教科化」は、取りも直さず、学校の道徳教育の改善、充実に対する多くの国民の期待によることにほかならない。いじめ防止対策推進法において、学校等が講ずべきいじめ未然防止の基本的施策として、道徳教育の充実が示されている。各学校においては、校長を中心に全教職員がこのことを重く受け止め、道徳教育の改善、充実に努める必要がある。

(1)　学校の教育活動全体で行う道徳教育

　学校の教育活動全体で行う道徳教育をどのように推進するかは、各学校の実情や児童の実態などによるものである。その指針となるのは道徳教育の目標であり、それを達成するための方策を総合的に示した教育計画が全体計画である。各学校には、学習指導要領に基づき児童の実態、学校や地域の実情等に応じて、各学校の道徳教育の目標を実現するために、教育活動全体でどのように道徳教育を実施し、評価し改善していくのかという「カリキュラム・マネジメント」の確立が求められる。

教育活動全体で行う道徳教育については、各教科等の教育内容を相互の関係で捉え、学校の道徳教育の目標を踏まえた教科横断的な視点で、その目標の達成に必要な教育の内容を組織的に配列していくこと、道徳教育の質的向上に向けて、児童の実態、家庭や地域の願い等を周到に把握して全体計画を作成し、実施し、評価して改善を図る一連のPDCAサイクルを確立すること、道徳教育の充実に資する人的・物的資源等を、地域等の外部の資源も含めて活用しながら効果的に組み合わせることが大切である。

　各学校においては、教育活動全体を通じて行う道徳教育の具体的な計画である「別葉」の充実に努めることが重要である。

(2)　「考え、議論する道徳」に向けた授業改善

　今次の学習指導要領改正に先立って示された中央教育審議会答申「道徳に係る教育課程の改善等について」においては、道徳授業の課題として、道徳の時間の特質を生かした授業が行われていない場合があることが挙げられ、読み物の登場人物の心情理解のみに偏った形式的な指導が行われる例があることや、発達の段階などを十分に踏まえず、児童生徒に望ましいと思われるわかりきったことを言わせたり書かせたりする授業になっているなど多くの課題が指摘された。

　学習指導要領改正に際して授業については、答えが一つではない道徳的な課題を一人一人の児童が自分自身の問題と捉え、向き合う「考える道徳」「議論する道徳」へと転換を図ることをめざしている。

①　「考え、議論する道徳」に向けた授業改善の基本的な考え方

　児童が多様な教材を通して道徳的価値に関わる諸事象を自分の問題と受け止め、それを自分との関わりで考える主体的、対話的な深い学びが求められる。そして、自分の考え方、感じ方を明確にもち、友達の多様な考え方、感じ方と交流する話合い活動などの対話的な学習を通して、道徳的価値の自覚を深めるようにすることが求められる。

　「議論する」ことは、互いの意見を戦わせようとする捉え方もあるが、これは討論であり、議論の一つの形態にすぎない。「議論」とは、ある問題について互いの考えを述べ合うこと、多様な考え方や感じ方に出合って自分の考え方、感じ方を深めることである。

②　指導観を明確にした授業構想

　「考え、議論する道徳」の実現のためには、教師が内容項目についての理解を深め、それに基づいて児童のよさや課題を明らかにして、授業で何を考えさせたいのかその方針を焦点化する「明確な指導観」を確立することが何よりも重要である。指導観とは、次の三つの要素から成り立つ。これらの事柄は、学習指導案において「主題設定の理由」として示される。

ア　価値観（ねらいとする道徳的価値について）

　一時間のねらいに即した授業を行うためには、授業者が、一時間で指導する道徳的価値を明確に理解し、自分なりの考え方をもつことが不可欠である。このことが、児童にねらいとする道徳的価値をどのように考えさせ、学ばせるかを方向付けることになる。

この授業者の価値観は、学習指導案に「ねらいとする道徳的価値について」という表題で示されることから、当然、一時間の授業についての考え方であるが、同時に、授業者の教育活動全体で行う道徳教育の考え方を示すものである。

具体的には、礼儀に関わる授業の学習指導案の「ねらいとする道徳的価値について」の箇所に、「…よい人間関係を築くには、まず、気持ちのよい応対ができなければならない。それは、さらに真心をもった態度と時と場をわきまえた態度へと深めていく必要がある」などの記述があれば、これは本時の指導に対する授業者の基本的な考え方であると同時に、授業以外で礼儀に関わる指導を行う際の考え方でもあるということである。

イ　児童観（児童の実態について）

授業者がこれまでねらいとする道徳的価値に関わってどのような指導を行ってきたのか、その結果として児童にどのようなよさや課題が見られるのかを明らかにする。その上で、ねらいとする道徳的価値に関してどのようなことを考えさせたいのか、どのような学びをさせたいのかを明らかにする。これが、児童観であり、授業の中心的な学習につながるものである。

ウ　教材観（教材について）

一時間の授業で教材をどのように活用するのかは、年間指導計画における展開の大要などに示されている。しかし、授業者のねらいとする道徳的価値に関わる考え方（価値観）や児童のねらいとする道徳的価値に関わるこれまでの学びと、そこで養われた道徳性の状況に基づいて、この授業で児童に考えさせたいこと、学ばせたいこと（児童観）を基に、教材活用の方向性を再確認することが大切なことである。　児童が多様な教材を通して道徳的価値に関わる諸事象を自分の問題と受け止め、それを自分との関わりで考える主体的、能動的な学習が求められる。そして、自分の考え方、感じ方を明確にもち、友達の多様な考え方、感じ方と交流する話合い活動などの協働的な学習を通して、道徳的価値の自覚を深めるようにすることが求められる。

そのためには、教師が内容項目についての理解を深め、それに基づいて児童のよさや課題を明らかにして、授業で何を考えさせたいのかその方針を焦点化する「確かな指導観」を確立することが何よりも重要であり、これに基づいて「考え、議論する道徳」を展開することが求められるのである。

（赤堀博行）

第 1 章

学校の道徳教育の重点目標に基づく全体計画の作成と実施

1 全体計画の作成とその改善

学校における道徳教育は、学校の教育活動全体で行わなければならない。そこで、学校教育目標、道徳教育目標、重点目標（重点内容項目）を明確にするとともに、学校経営の重点との関連を明らかにすることが大切である。

さらに、全体計画に、各教科等における道徳教育のねらいと、重点内容項目に基づいて各学年で指導すべき事項を明確に示すことによって、6年間を見通した指導を進めることができる。全体計画を作成する際には、これらの要素を含む計画となるよう心がけることが大切である。

全体計画作成の具体例（平成28年度版）

学 校 教 育 目 標

| 1 明るく、思いやりのある子ども
2 よく考え、実践する子ども
3 健康でたくましい子ども
4 主体的でねばり強い子ども
（平成4年度より継続） | めざす児童像（H24～策定　H27～改定）
○思いやりのある子ども【ルールとマナー】
○よく考える子ども　　【勉強と読書】
○たくましい子ども　　【いのち】 |

道 徳 教 育 目 標
生命に対する畏敬の念をもち、他者を思いやる心をもって、たくましく生きる基礎となる道徳性の育成をめざす。

重点目標（めざす子どもの姿）
『思いやる心』 〈思いやりのある子ども〉【ルールとマナー】 　○約束や社会の決まりを守り、規律ある生活をおくろうとする心（子ども） 　○相手の立場や気持ちを思いやり、真心と感謝の気持ちをもつ心（子ども） 『たくましさ』 〈よく考える子ども〉　　【勉強と読書】 　○どんな困難にもくじけず、努力してやり遂げようとする心（子ども） 〈たくましい子ども〉　　【いのち】 　○自分や他者、動植物のような生命ある物を大切にしようとする心（子ども）

各学年の重点内容項目とそのねらい

学年	D　生命の尊重	A　希望と勇気、努力と強い意志	B　親切、思いやり　　C　規則の尊重
特別支援 （あおば）	自己を大切にし生命を大切にする心をもつ。	自分のやるべき勉強や仕事をしっかりと行うこと。	親切、思いやり 身近にいる人に温かい心で接し、親切にすること。
1年生 2年生	生きることのすばらしさを知り、生命を大切にすること。	自分のやるべき勉強や仕事をしっかりと行うこと。	1年生　規則の尊重 　約束やきまりを守り、みんなが使う物を大切にすること。 2年生　親切、思いやり 　身近にいる人に温かい心で接し、親切にすること。
3年生 4年生	生命の尊さを知り、生命あるものを大切にすること。	自分でやろうと決めた目標に向かって、強い意志をもち、粘り強くやり抜くこと。	3年生　規則の尊重 　約束や社会のきまりの意義を理解し、それらを守ること。 4年生　親切、思いやり 　相手のことを思いやり、進んで親切にすること。
5年生 6年生	生命は、多くの生命のつながりの中にあるかけがえのないものであることを理解し、生命を尊重すること。	より高い目標を立て、希望と勇気をもち、困難があってもくじけずに努力して物事をやり抜くこと。	5年生　規則の尊重 　法やきまりの意義を理解した上で進んでそれらを守り、自他の権利を大切にし、義務を果たすこと。 6年生　親切、思いやり 　誰に対しても思いやりの心をもち、相手の立場に立って親切にすること。

　奇数学年は「規則の尊重」、偶数学年と特別支援学級は「親切、思いやり」を重点内容項目として隔年で重点化を図っている。特別支援学級「D　生命の尊重」の内容は、児童の実態から学習指導要領の内容を基に本校独自に策定した内容である。

┌───┐
道徳（心の学習）の時間

　一人一人の児童が、道徳的諸価値を理解し、自己を見つめ、物事を多面的・多角的に考え、自己の生き方について考えを深める学習を通して、道徳的な判断力、心情、実践意欲と態度を育てる。
└───┘

研究構想図

道　徳　性

思いやる心と　たくましさを育てる　道徳教育

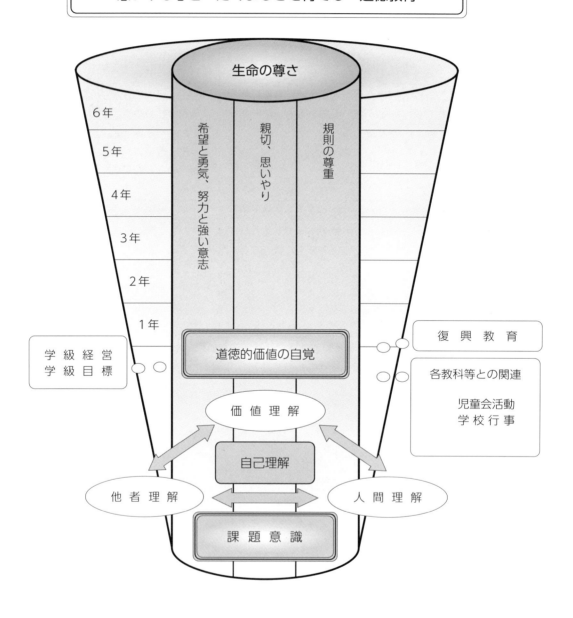

生命の尊さ

6年
5年
4年
3年
2年
1年

希望と勇気、努力と強い意志

親切、思いやり

規則の尊重

道徳的価値の自覚

価　値　理　解

自己理解

他　者　理　解

人　間　理　解

課　題　意　識

学　級　経　営
学　級　目　標

復　興　教　育

各教科等との関連

児　童　会　活　動
学　校　行　事

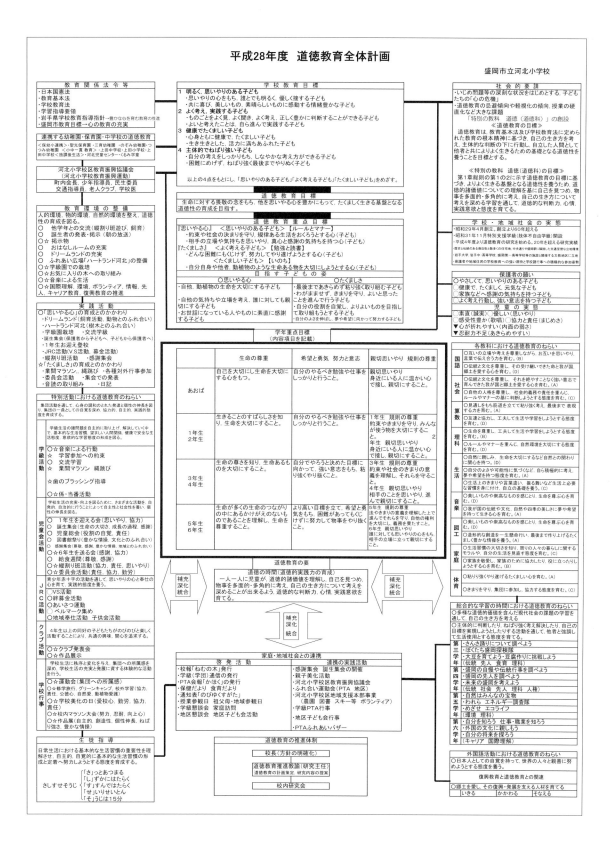

平成28年度　道徳教育全体計画

盛岡市立河北小学校

2 児童の道徳性に係る実態把握

　学校の道徳教育の重点目標を決定するためには、児童がどのような状況にあり、かつ保護者や教職員はどのような成長への願いをもっているか明らかにすることが大切である。

　そこで、本校では児童の実態や課題を明らかにするために、学校経営反省会や中学校区の教職員による実態分析会議、保護者アンケートなどを用いて実態把握に努めている。

　その結果、生き方の根幹である「D　生命の尊さ」と本校の児童の内面の弱さとして挙げられた「A　希望と勇気、　努力と強い意志」を重点内容項目にすることにした。

　さらに保護者アンケートから、　保護者が願う児童像に即して「C　規則の尊重」と「B　親切、思いやり」を加えて重点内容項目を4つに設定した。

　このことにより、4つの視点を含む重点内容項目を、6年間かけて重点的に学んでいく計画を作成した。今後は、児童の実態分析を改めて行い、重点目標（重点内容項目）の見直しを図っていくことにしている。

年度末の経営反省会で出された児童の実態

【長所・よさ】	【短所・課題】
○素直（誠実） ○優しい（思いやり） ○感受性豊か（歌唱力） ○基礎学力がある（読解力・計算力） ○協力と責任感がある（まじめさ・リーダー） ○活動意欲が高い（一生懸命） ○団結力が強い ○礼儀正しい ○生活が安定（生活リズムの確立） ○興味関心・好奇心が強い	▼心が折れやすい（内面が弱い） ▼学力が低い（思考力・表現力） ▼自主性が乏しい（思考力判断力不足） ▼忍耐力が不足（あきらめやすい） ▼切磋琢磨できない ▼返事が身に付いていない ▼家庭の教育力が弱い ▼コミュニケーション能力が低い 　（人間関係の構築力が弱い）

中学校区の教職員によって、児童生徒の実態分析を行う

　本校では、児童の大半が進学する上田中学校と,隣接する上田小学校の3校で小中一貫教育の研究を進めている。

　そこで、3校の教職員が集まり、中学校区内の児童生徒の学習や生活の実態分析を行った。この分析結果も道徳教育全体計画を立案する上で参考にした。

ワークショップにより意見を交流する

「お子さんの成長に対する保護者の願い」について（調査）

盛岡市立河北小学校

> 1）お子さんの現在の様子を見て、「どうにか直したい」「身に付けてほしい」と思うことは、どんなことですか。そう思う項目に○印を付けて下さい。（いくつでもいいです）

【自分自身に関すること】

「直したいと思うこと」「身に付けてほしいと思うこと」	○印
・自律心　自由と責任	
・正直　誠実	
・安全に気をつけること　節度や節制	
・個性を伸ばすこと	
・希望と勇気　努力や強い意志をもつこと	

> 2）お子さんはどんな子どもに育ってほしいとお考えですか。下群のことばを参考にして、一言でお書き下さい。

【参　考】

・やさしい子	・思いやりのある子	・たくましい子	・ねばり強い子
・自立心のある子	・信念を持つ子	・向上心のある子	・努力する子
・明るい子	・真心のある子	・正直な子	・素直な子　・健康な子
・責任感のある子	・人や社会のために働く子（人）		・自由に生きる子
・よく考えて行動する子	・自分で判断する力を持つ子		
・思いを伝えられる子	・感謝の気持ちを大切にできる子		
・助け合う（協力できる）子		など	

> 3）お子さんが将来生きて行く上で、大切だと考えることはどんなことですか。次の各まとまりから3つ選んで下さい。さらに、大切だと思う順に「1」「2」「3」と数字を書き入れて下さい。

【生命や自然　崇高なものとの関わりに関すること】

「直したいと思うこと」「身につけてほしいと思うこと」	○印
・生命の尊さ	
・自然愛護の心	
・美しいものや気高いものに感動すること　畏敬の念をもつこと	
・よりよく生きる喜びを感じること	

3　学級における道徳教育推進計画の立案

　学校における道徳教育の重点目標（重点内容項目）を設定した後、その指導内容を各学期ごとに示した学級における道徳教育推進計画の作成を行う。この道徳教育推進計画は、教育活動全体を通じて行う道徳教育について、道徳の時間はもとより各教科等との関連が一目でわかるように作成しなければならない。それは意図的・継続的な指導が日常的に行われなければ、重点目標にした道徳性を養うことができないと考えるからである。本校では、この学級における道徳教育推進計画を作成したことによって、道徳の時間を中核としながら、各学級の実態を生かして、意図的・継続的に道徳性の育成に取り組むようになってきている。

第6学年の道徳教育推進計画

5　推進計画1（重点内容項目）

学期	重点内容項目		希望と勇気、努力と強い意志 様々な生き方に関心をもち、計画的に努力目標を立てて、くじけず希望と勇気をもって取り組むこと	生命の尊さ 生命がかけがえのないものであることを知り、自他の生命を尊重すること	親切・思いやり 誰に対しても思いやりの気持ちをもち、相手の立場に立って親切にすること
一学期	道徳の時間	目指す子ども像	より高い目標に向かって、障害や困難に打ち勝ち、粘り強くやり通そうとする子ども	命は尊いものであることを知り、自他の生命を尊重し、命を大切にしようとする子ども	相手の立場になって考え、誰に対しても温かい心で接しようとする子ども
		主題・資料名・出典名	心をつなぐ音色（東京書籍）夢に向かって確かな一歩を（文部科学省：私たちの道徳）	命の重さはみな同じ（東京書籍）	車いすでの経験から（東京書籍）
		ねらい	目標を立て、希望や夢に向かって、あきらめずに努力しようとする心情を育てる。	人間や動物の生きることの尊さを知ることから、自他の生命を尊重し、力強く生き抜こうとする態度を育てる。	相手の立場になって考え、誰に対しても温かい心で接しようとする心情を育てる。
	各教科等との関連		教育関係行事「市内球技大会」 ・球技大会に向けて取り組む中で、自分なりに目標をもつことの重要性に気づき、練習の中で困難な状況にあったときの気もちの持ち方や、応援のあり方を考える時間を設定する。 総合的な学習の時間「自分を知ろう」 ・自分が興味を持った偉人について調べ学習を行う中で、その人の生き方に触れ、困難に立ち向かった場面を紹介し、困難を乗り越える勇気とたくましさに気づく手立てをとる。	国語「カレーライス」 ・親子の絆について登場人物の心情をもとに学習しながら、命の意味を考え、家族は自分を大事に思っているということを再確認させる。 家庭科「朝の生活を見直そう」 ・家族との関わりの中で、自分が家族の一員として大事な存在であるということを確かめる時間を設定する。	保健「病気の予防」 ・自分が健康に暮らすために、家族や地域の人々の支えがあることに気付き、自分から健康に暮らしていくための生活行動を主体的に行うことの大切さを考える時間を設定する。 国語「伝えにくいことを伝える」 ・日常生活において、自分の気もちを伝えるには、相手の主張を聞き、話し合うことが大切であることを考え、言葉や表現を選んでコミュニケーションをする練習を行っていく。
二学期	道徳の時間	目指す子ども像	夢や希望を高くもち、その実現のためにくじけずに歩んでいこうとする強靭な意志力をもつ子ども	自他の生命を尊重し、自らも何かできることはないか考え、協働的に命を大切にしようとする子ども	思いやりや親切についての考えを深め、分け隔てなく親切にしようとする子ども
		主題・資料名・出典名	卒業制作100点満点（自作実話資料）	ふぶきの夜（岩手県の資料）	心に響いた「どうぞ」のひとこと（東京書籍）
		ねらい	夢や希望をもち、その実現のために手立てを考え、くじけずに歩んでいこうとする強い意志を育てる。	郷土の話から生きることの尊さを実感し、自他の生命を尊重し、自らが協働的に命を重んじる態度を育てる。	相手の立場に立って思いやりの心をもち、親切にしようとする心情を育てる。
	各教科等との関連		総合的な学習の時間「ドリームマップ」 ・自己を見つめ、自分の将来を「ドリームマップ」にして考える活動において、夢の実現のために必要なことを客観的に見つめ、表現する時間を設定する。 国語「未来がよりよくあるために」 ・資料「平和のとりでを築く」を通して、戦争の時代を生き抜いた人々のたくましさを思い、未来をよりよく生きていくための意見交流を活発にする。	総合的な学習の時間「自分の将来を探ろう」 ・自分の生活を振り返り、これからの生き方を探る活動において、自分を大切に思い、また、他も思いやることの重要さについて考える時間を設定する。 社会科「日本の歴史」 ・太平洋戦争に至るまでの背景を学習しながら、多くの人々が犠牲になった時の人々の気持ちを推し量り、人々が支えあって生きてきた背景を感じ取り、かけがえのない命について考える。	学校行事「感謝集会」 ・今まで自分たちを支えてくれたことに感謝すると共に、相手を思いやる気持ちから行動する態度を育てる。 社会科「わたしたちの暮らしを支える政治」 ・地域の様子や住民の願いを調べながら、人びとの願いをかなえる社会の課題を解決するための政治のはたらきについて理解を深め、お互いを思いやり行動することによってよりよい社会が生まれることに気付き意図的な指導を組む。
三学期	道徳の時間	目指す子ども像	夢や希望を高くもつと共に、挫折感を克服する人間の強さにも考えを深めて、くじけずに理想に向かって歩んでいこうとする強靭な意志力をもつ子ども	日々の生活の中で、生命ある全てのものを慈しみ、命に感謝し、生きる力とする子ども	思いやりや親切についての考えを深めた上で、相手が本当に必要としていることを意識しながら行動できる子ども
		主題・資料名・出典名	市民に愛される動物園を目指して（学研）	東京大空襲の中で（東京書籍）かけがえのない命（文部科学省：私たちの道徳）	最後のおくり物（文部科学省：私たちの道徳）
		ねらい	希望をもつことの大切さに気づくと共に、挫折感を克服する人間の強さにも考えを深めて、くじけずに理想に向かって前進していこうとする態度を育てる。	命を尊しとするものを慈しみ、かけがえのない命を大切にしようとする態度を育てる。	思いやりや親切についての考えを深め、思いやりの心が本当に必要としていることを意識しながら行動する態度を育てる。
	各教科等との関連		社会科「世界の中の日本」 ・外国の様子を日本と比較し、日本のよさに触れる時間を持ちながら、歴史の歩みを振り返り、現在に至るまでの人々の努力について考えていく。 児童会行事「金管の引き継ぎ」 ・子どもたちが行ってきた金管練習をふり返り、努力と練習の大切さに改めて気づかせ、確実に後輩に引き継いでいくことの大切さを再確認する活動を意図的に取り上げていく。	国語「ゆずり葉」音楽「ハナミズキ」 ・詩の学習どハナミズキを通して、生きていく上で大切なことは何なのか、自分の生き方について見つめ直し、自他の生命について尊さを改めて考えていく。 行事「卒業証書授与式」 ・小学校生活の集大成として臨む「卒業式」の練習の中で、自分を客観的にふり返り、家族に対する感謝を素直に感じたり、自分の生き方を大切にする活動を意図的に取り上げていく。	児童行事「第3回誕生集会」 ・今までの誕生集会を振り返りながら、自分たちはたくさんの人たちに支えられて育っていることを再認識するとともに、自分が受けた優しさを他にも伝えようとする考えを確かめる時間を意図的に設定する。 家庭科「考えようこれからの生活」 ・身近な人びととの関わりについて考え、自分の気もちの伝え方を考えて実践する時間を設定する。

第2学年　道徳教育推進計画

学期	重点内容項目		A　希望と勇気、努力と強い意志 自分がやらなければならない勉強や仕事は、しっかり行うこと。	D　生命の尊さ 生きることを喜び、生命あるものを大切にする心をもつこと。	B　思いやり、親切 相手の立場になって考え、思いやりをもって接すること。
一学期	めざす子ども像		自分がやらなければならない勉強や仕事をしっかり行うことの大切さを理解し、実行する子ども。	命の大切さに気付き、生命を大切にしようとする子ども。	幼い人や友達に温かい心で接し、思いやりの心をもって親切にしようとする子ども。
	道徳の時間	教材名・出典名	がんばれ　ボボ（学研）	ぴよちゃんとひまわり（学研）	くまくんのたからもの（東京書籍）
		ねらい	親の保護に頼るばかりでなく、つらくても自分がやらなければならないことは、あきらめずに最後までやりとげようとする心情を育てる。	ひまわりの赤ちゃんたちが花を咲かせたのを見たぴよちゃんの気持ちを考えることを通して、生命が受け継がれていくことに気付き、生命の大切さについて深く考えようとする心情を育てる。	幼い人や友達に温かい心で接し、思いやりの心をもって親切にしようとする心情を育てる。
	各教科等との関連		①国語「スイミー」 　大きな魚を恐れ岩陰に隠れている魚の兄弟たちに、あきらめないで努力することを教え、大きな魚を追い出すことに成功したスイミーのお話があり、自分の責任を果たすことや、努力することのすばらしさを学び、自分もそうありたいと思う。 ②業間マラソン 　自分の目標を立て、それに向かい精一杯走り、暑い日であっても、疲れていてつらいときであっても、やり遂げる。	①生活「野さいをしゅうかくしよう」 　ミニトマトや野菜の収穫を喜び、おいしく食べられることに感謝する。また、実がなり種がなり、次の命につながっていくことを知る。 ②生活「生きものなかよし大作せん」 　昆虫などの生き物を飼い毎日世話をすることで、身近な生き物への思いを深め、生命のあるものを大切にする。 ③復興教育「生きのこったイトヨ」 　震災を乗り越え、生き残ったイトヨの話を聞き、生命のつながりの大切さを深める。	①生活「なかよし学校あんない」 　1年生とペアを組み、校舎を案内しながら、職員室の入退室の挨拶などを優しく教える。これ以降も、一緒に遊んだり困っているときは助けたりし、思いやりをもって優しく接していく。 ②学校行事「運動会」 　ダンスや競技などの取り組みを通し、頑張っている1年生や友達を認めたり励ましたりしながら、一緒に頑張る。
二学期	めざす子ども像		自分で決めたことは、くじけずに最後までやり遂げようと努力する子ども。	「食」を通して命のつながりや大切さに気付き、生命あることに感謝して精一杯生きようとする子ども。	相手の立場に立ち本当の気持ちを考えて、励ましたり助けたりできる子ども。
	道徳の時間	教材名・出典名	さかあがり　できたよ（東京書籍）	ゆきひょうのライナ（東京書籍）	公園のおにごっこ（学研）
		ねらい	自分できめたことは、最後までやりとげようとする意志を育てる。	食べられなければ生きていけないという状況に出合ったときの気持ちを考えることを通して、生命を大切にして一生懸命生きようとする心情を育てる。	自分より幼い人や困っている人に対する思いやりの心をもち、相手の立場に立ち本当の気持ちを考えて、励ましたり助けたりできる心情を育てる。
	各教科等との関連		①学校行事「校内マラソン大会」 　1学期から取り組んできた業間マラソンを基盤とし、マラソン大会で自分の力を出し切り走ることができる。また、走りきったことに満足し成就感を味わう。 ②算数「かけ算」 　かけ算の練習に一生懸命取り組み、それぞれの段を定着させるたびに達成感を感じながら努力する。九九を全部覚えた自分をふり返り、成就感を味わう。	①国語「どうぶつ園のじゅうい」 　獣医が生命を守るためにどんな工夫をしているかを考える。 ②校外学習「どうぶつこうえん・しぜんかんさつ教室」 　生活「生きものなかよし大作せん」 　動物たちとの触れ合いや、「しぜんかんさつ教室」をまとめる活動を通して、生命あるものを大切にしようとする。 ③学校行事「避難訓練」 　災害に遭ったとき、かけがえのない自分の命を守ることができるように、真剣に行動する。	①生活「うごくうごくわたしのおもちゃ」 　身近な材料を使って工夫して動くおもちゃを作り、みんなで楽しく遊べるように遊び方を工夫して、楽しく活動する。 ②国語「お手紙」 　がまくんの悲しい気持ちに共感し励ますかえるくんの優しさに気付き、自分も友達のために進んで親切にしたいと感じる。
三学期	めざす子ども像		自分がやらなければならない勉強や仕事をしっかり行うことで、自分だけではなく周りの人をよろこばせることができることを知り、更に頑張ろうとする子ども。	毎日の当たり前の生活一つ一つが生きている証であることに気付き、生きることを喜び、生命の大切さを自覚できる子ども。	だれに対しても温かい心で接し、相手のことを考えて進んで親切にしようとする子ども。
	道徳の時間	教材名・出典名	ぼくは「のび太」でした（東京書籍）	ぼく（東京書籍）	かっぱ　わくわく（東京書籍）
		ねらい	なにごとにも粘り強く努力をして、一生懸命にやり抜こうとする態度を育てる。	どんな考えで「ぼく」がいちばん好きなものは「ぼく」なのかを考えることを通して、生きることを喜び、生命を大切にしようとする態度を育てる。	だれに対しても温かい心で接し、相手のことを考えて進んで親切にしようとする態度を育てる。
	各教科等との関連		①学級活動「1年間のせいちょうをたたえる会」 　1年を通し取り組んだ～こころの木～をふり返り、一人一人に咲いた大切な「こころのはな」の成就感を学級全員で確かめあい、さらに大きく咲かせていこうと希望をもつ。 ②生活「すてきな3年生になろう」 　3年生ではどんな活動をするのかを具体的に学習し、実際に3年生の授業の見学を通して、3年生になることへの希望をもち、勉強や自分の仕事に意欲的に取り組む。	①児童会活動「第3回誕生集会」 　今年度最後の誕生集会に向けて、全員が8歳の誕生日を迎えられたことを喜び合い、育ててくれた親に対する感謝の気持ちを手紙に書く。 ②生活「大きくなった自分のことをまとめよう」 　大きくなった自分のことをふり返りまとめることを通して、家族に愛され支えられて自分がここまで成長できたことに気付き、家族に感謝する。 ③音楽「手のひらをたいように」 　どの生き物も、みんながんばって成長し精一杯生きていることを感じながら歌う。	①体育「冬の体育教室」 　グループ内の1年生の世話をするとともに、他の1年生や友達の気持ちを考えて行動し、みんなとなかよく雪遊びを楽しむ。 ②学級活動「VS活動をしよう」 　3学期の学級のめあてとしてVS活動に意欲的に取り組む。自ら進んで人のために何かをすることの喜びを感じる。

第５学生　道徳教育推進計画

学期	重点内容項目		A　希望と勇気、努力と強い意志 さまざまな生き方に関心をもち、計画的に努力目標を立て、くじけずに希望と勇気をもって取り組むこと。	D　生命の尊さ 生命がかけがえのないものであることを知り、自他の生命を尊重すること。	C　規則の尊重 法やきまりの意義を理解した上で、進んで規則を守り、自他の権利を大切にし、義務を果たすこと。
一学期	めざす子ども像		希望をもつ大切さや挫折感を克服する人間の強さについて考え、強い意志と実行力をもつ子ども	「生きているからこそ」できることについて考え、かけがえのない命を大切にしようとする子ども	社会生活をよりよくするために公徳心が大切であることを自覚する子ども
	道徳の時間	教材名・出典名	いつも全力で〜首位打者イチロー（東京書籍）	クマのあたりまえ（東京書籍）	年老いた旅人（東京書籍）
		ねらい	自分ができることを最後まで全力を尽くしてやり抜こうとする心情を育てる。	生きていることの喜びを感じながら、かけがえのない命を、大切に自分自身で守っていこうとする心情を育てる。	住んでいて良かったと思える社会をつくっていくには、どうすればよいかを考え、進んできまりを守ろうとする態度を育てる。
	各教科等との関連		①国語 「百年後のふるさとを守る」 　伝記を読んで、自分の生き方について考える。浜口儀兵衛をつき動かしたものは、自らを育んだ共同体が崩れゆくのを食い止めたいという強い思いである。自分が属する共同体に、真剣に、主体的に関わることを考える。 ②社会 「食料生産を支える人々」 　生きがいをもって農業を続けている人々の生きざまにふれる。日本で昔から大切にしてきた農村の姿や、後継者を育成する努力について学ぶ。	①音楽 「旋律の重なりに気をつけて合唱しよう」 　命の尊さや生き抜いていく人たちを考えて「いつでもあの海は」を歌う。 ②家庭科 「はじめてみよう　ソーイング」 　自分や家族のネームプレートを作る。	①学校行事 「運動会」 　係活動の中で、６年生を支え、４年生に教えるという立場できまりの意味を考え実行する。 ②総合的な学習の時間 「自然はみんなの宝物」 　区界に生息する植物や動物について調べ、それらを守るためのルールやマナーについて考える。
二学期	めざす子ども像		生きている間は最後まで前向きに生きようと考え、夢を近づける前向きな実行力をもつ子ども	生命あるものすべてに対して、かけがえのないものとして尊重し、大切にしようとする子ども	マナーやエチケットの重要性を感じながら、社会生活の中での自分の権利や義務を考える子ども
	道徳の時間	教材名・出典名	その日まで、少しでも前向きに生きたい（学研）	母とながめた一番星（学研） 自他の生命を尊重して（私たちの道徳３−(1)）	まいごのカナリア号（学研）
		ねらい	計画的により高い目標を立て、困難や失敗にくじけることなく、常に希望をもって理想に向かって前進しようとする強い意志を育てる。	生命の尊さを理解し、力強く生きようとする態度を育てる。	よりよい社会をつくっていくには、一人一人がモラルをもって行動することが必要であることを自覚し、人や社会を大切にする態度を育てる。
	各教科等との関連		①社会 「工業生産を支える人々」 　自動車工場はいわゆる組み立て工場である。関連工場である部品工場の協力がなければ成り立たない。支える人々の努力と日本一をめざす車づくりにかける思いを学ぶ。 ②学校行事 「区界グリーンキャンプ」 　岩神山登山や友達との宿泊を通して困ったり、あきらめたくなったりする気持ちがわいてきても、くじけたり弱音をはいたりせずに協力をして頑張る気持ちを育てる。	①理科 「人のたんじょう」 　へその緒を通して成長に必要な養分を取り入れていることを理解し、命の尊さ、神秘さを学ぶ。 ②音楽 「曲想を味わおう」 　「ハンガリー舞曲」や「キリマンジャロ」など世界の音楽にふれることで、世界は日本と温かく交流していることを知る。	①学校行事 「区界グリーンキャンプ」 　区界に生息する植物について観察し、動物が生きる場所について体感し、この場所を大切にする気持ちを育てる。 ②総合的な学習の時間 「われら、エネルギー探検隊」 　地球温暖化について調べ、CO_2削減のために自分たちができることを考え、生活チェックをする。
三学期	めざす子ども像		生きている間は最後まで前向きに生きようと考え、自分の夢はもちろん、人のために尽くすことのすばらしさを感じ、実行する子ども	どんな困難に遭遇しても、自分の可能性を信じて困難を克服し、生き抜き、また命を大切にしている人を敬い、共に生きる子ども	社会で生きる一人として、守らなくてはならないことやしてはいけないことを自覚し、実行する子ども
	道徳の時間	教材名・出典名	ヘレンと共に　―アニー・サリバン―（私たちの道徳）	命（学研）	これも、チェーンメール（東京書籍）
		ねらい	困難や失敗にくじけることなく、常に希望をもって理想に向かって、自分や人のため、社会のために前進しようとする強い意志を育てる。	生命あるものすべてに対して、かけがえのないものとして尊重し、大切にしようとする心情を育て、進んで自他の命の大切さについて考える態度を育てる。	法やきまりの意味をよく考え理解し、これらを守ろうとする態度を育てる。
	各教科等との関連		①音楽 「みんなで楽しく」 　「ぼくにできること」の歌を通して歌詞の意味を捉え、身近な人について考える機会とする。 ②学校行事 「金管バンドの引き継ぎ」 　河北小学校の伝統を受け継ぐために、自分の楽器のパート練習を一生懸命行い、みんなと合わせる喜びや伝統を受け継ぐ大切さを感じ取る。	①児童会行事 「第３回誕生集会」 　今年度最後の誕生集会にあたり学級全員が11歳になったことを祝い、お互いにメッセージカードを贈る。 ②児童会行事 「六年生を送る会」 　児童会のリーダーとして、学級みんなで力を合わせて会を成功させる。	①学校行事 「心の授業」 　３月11日の震災を思い起こし、今を生きる自分たちにできること「守るべきこと」「ボランティア」「マナー」について考える。 ②社会科 「広がる情報ネットワーク」「ネット安全教室」 　インターネットの利用の仕方やさまざまな情報源から正しい情報の取得法を知る。安全に情報機器を使い充実した生活を送れるよう学習する。

4　道徳教育全体計画別葉の作成

学習した内容にマークする職員

　道徳教育の重点内容項目は、道徳の時間はもとより各教科等あらゆる場面で指導されなければならない。そこで、各教科等で行う道徳教育についての指導内容及び時期を明らかにして、各教科等との関連を図りながら道徳教育を円滑に進めるための道徳教育全体計画別葉（以下　別葉）を作成することが大切である。

　本校では、別葉を作成する際に学級における道徳教育推進計画との整合性を図りながら、「私たちの道徳」や復興教育資料などの活用も視野に入れて作成している。

　また、日常的に活用するために担任教師が別葉を所持するとともに、職員室に全学級分の別葉を掲示し進捗状態がわかるようにチェックしながら活用している。このことにより、教師が互いに声をかけあいながら学校全体で学習を進めることができる。

（加美山悦子）

別葉に盛り込んでいる活動例

4月に6年生が1年生と一緒に登校する「お迎え登校」を行っている

毎月11日は、絆募金の日。被災地支援活動を日常的に行っている

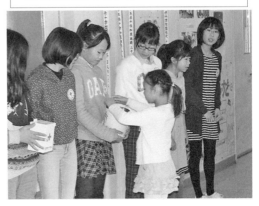

第3学年　別葉

重点	学期	道徳の時間・道徳副読本・私たちの道徳	学校行事	児童会活動・学級活動（斜体は児童会の目標）	復興教育「いきる」「かかわる」	国語	社会	算数	理科・生活	音楽	図工	家庭	保健・体育	総合的な学習の時間	外国語活動
希望と勇気	1	一か人車にのせた（東京書籍）	始業式　運動会	なかよしタイム／運動会を成功させようと体を動かそう（5月）／さしすせそうじに取り組もう（7月）／誕生会を成功させよう	〈生きる〉「ゆめ園先生」がったえたいこと	こまを楽しむ／本は友だち	もっと知りたいみんなのまち	かけ算／暗算／わり算	こん虫を調べよう		カラフルねんどのお店へようこそ		さんさおどり／かけっこ／リレー／浮く・泳ぐ運動／キックベース／マット運動	さんさおどり・由来を調べる	
努力と強い意志	2	心に太陽を—田中館愛橘（学研岩手県版）	校内マラソン大会／祖父母参観	なかよしタイム／マラソン大会に向けて心と体をきたえよう（10月）／ボランティア活動を積極的に行おう（12・1月）	〈生きる〉走れ、かまいしキッチンカー	ローマ字／三つのことがらから話を作ろう／引用して書こう／言葉を分類する	わたしたちのくらしと店のしごと	大きな数のしくみ／小数／分数／円と球	風やゴムで動く明かりをつけよう	拍のながれにのってリズムを感じ取ろう	小さな箱の物語		浮く・泳ぐ運動／鉄棒運動／走り幅跳び／小型ハードル走	先人教育・「盛岡の偉人について調べよう」	
	3	まけるものか（東京書籍）	スキー	なかよしタイム／6年生を送る会／一年のまとめをし、卒業・進級しよう（3月）	〈生きる〉しぜんとともに	しりょうから分かる小学生のこと／モチモチの木	昔の道具とくらし	□を使った式／三角形と角	じしゃくにつけよう／ものの重さをくらべよう	音を合わせて楽しもう	でこぼこもようのなかまたち		プレルボール		
生命の尊重	1	おばあちゃんおぼえてね（学研）	入学式／1年生を迎える会／避難訓練／JRC登録式	第1回避難集会／歌声をひびかせよう（6月）	〈かかわる〉協力し合って楽しし	きつつきの商売／まいごのかぎ／分かったことを知らせ合おう／俳句を楽しもう／雨	もっと知りたいみんなのまち	たし算とひき算の筆算／あまりのあるわり算	たねをまこう／チョウを育てよう		長い紙つくってともだちといっしょに		体ほぐしの運動	さんさおどり・祭りは地域の絆を深めるものであることを知る	
	2	ヒキガエルとロバ（文科省）	祖父母参観／避難訓練／感謝集会	第2回避難集会／しっかり食べよう（8・9月）／進んで読書に取り組もう（11月）	〈かかわる〉今度は自分たちがそなえる　そのとき、どうする？	詩を楽しもう／ちいちゃんのかげおくり／すがたをかえる大豆	りんごづくりにつく仕事	かけ算の筆算（1）	花がさいたよ実ができたよ	せんりつのよさを感じ取ろう	ふしぎなのりものタッチ、キャッチ、わりのこころ		体ほぐしの運動／けんこうによい一日の生活／体のせいけつ／けんこう	大豆を育てよう・自分を大切に育てられてきたことに気づく	
	3	おじいちゃん、おばあちゃん、見ていてね（東京書籍）	心の授業	第3回避難集会／6年生を送る会／6年生に感謝をこめて読書に取り組もう（2月）	〈かかわる〉防災絆を見て学ぼう「宮古市田老」岩手の主なさいがい	私の三大ニュース	まちの人たちがはたらく仕事	かけ算の筆算（2）／ぼうグラフと表		日本の音楽に親しもう	ダイヤをつけて出発進行／でこぼこもようのなかまたち		マット運動／けんこうによい／かんきょう／けんこうというたからもの		
規則の尊重	1	黄色いかさ（東京書籍）	交通安全教室	正しい廊下歩行を心がけよう（5月）／赤募金		国語辞典の使い方／気になる記号／ありの行列	もっと知りたいみんなのまち	長い物の長さのはかり方	春のしぜんにとび出そう	リコーダーとなかよしになろう／明るい歌声をひびかせよう	絵の具と水のハーモニー			大豆を育てよう・植物の生長にはたくさんの世話が欠かせないことを知る	
	2	雨のバス停留所で（文科省）	避難訓練	赤募金		つたえよう楽しい学校生活	りんごづくりにつく仕事	重さのたんいとはかり方	太陽とかげの動きを調べよう／太陽の光を調べよう	いろいろな音のひびきを感じ取ろう	小さな箱の物語		跳び箱運動	大豆を育てよう	
	3	あめ玉（学研）	スキー	赤募金	〈かかわる〉4つの教え	ことわざについて調べよう			つくって遊ぼう	のびのびと声を合わせよう	のこぎりひいて、ザク、ザク、ザク		ドッジボール／スキー		

22

第6学年　別葉

重点	学期	道徳の時間・道徳副読本・私たちの道徳	学校行事	児童会活動 学級活動 ※斜体は児童集会の目標	復興教育〔いきる〕〔かかわる〕〔そなえる〕	国語	社会	算数	理科 生活	音楽	図工	家庭	保健 体育	総合的な学習の時間	外国語活動
希望と勇気、努力と強い意志	1	心をつなぐ色色 夢に向かって確かな一歩を（文科省）	始業式 運動会 市内球技大会	児童総会 *運動会を成功させよう 正しい歩行を中心に（5月）* さしすせそ…に取り組もう（7月）	〈かかわる〉遠野に「まごころ」集まった	時計の時間と心の時間	海を越えた人々との	円の面積の求め方を考えよう	生き物のくらしと環境	豊かな歌をひびかせよう	強くてやさしい組みひもペアル	きれいにしようクリーン大作戦	体つくり運動	自分を知ろう ・偉人について調べ、生き方を考える。	Lesson3 I can swim.
	2	卒業制作100点満点（自作資料）	市内陸上記録会 マラソン大会	*マラソン大会に向けて心ときめきまとまろう（10月）* ボランティア活動を積極的に行おう（12月）	〈かかわる〉まごころを運ぶバス	未来がよりよくあるために 伝えられてきたもの	自由民権運動が伝まる ノルマントン号事件と条約改正	震災の経験を生かそう	てこのはたらき	滝廉太郎の歌曲	木版画	考えようこれからの生活	生活習慣病の予防 器械運動 ボール運動	ドリームマップ ・自分の思いや将来の夢をドリームマップで表して考える。	Lesson5 Let's go to Italy
	3	市民に愛される動物園を目指して（学研）	スキー教室 卒業証書授与式	6年生を送る会 *児童総会 一年をまとめよう 卒業・進級をしよう（3月）	〈いきる〉夢、勇気をもって一歩踏み出そう	かなえられた願い	世界の中の日本 国際協力と日本の役割	算数のまとめ	電気と私たちのくらし	コンドルは飛んでいく	12さいのカプセル	考えようこれからの生活	地域の保健活動	自分の将来を探ろう ・将来の目標を見据え、そのために今のどのような努力が必要か考える。	Lesson8 What do you want to be?
生命の尊重	1	命の重さはみな同じ（東京書籍）	交通安全教室 避難訓練 防犯教室 JRC登録式	第1回誕生集会 *絆募金 元気に大きな声であいさつをしよう（4月）* 歌声を響かせよう（6月）	〈いきる〉20キロ圏内から来たキティ	カレーライス 森へ	米作りが始まる	およその面積や体積を求めよう	動物のからだのはたらき 植物のからだのはたらき 生き物のくらしと環境	おぼろ月夜 われは海の子	感じたままに花	くふうしよう朝の生活	病気の予防 水泳 表現運動	自分を知ろう ・自分の生き方を話し合いを通して探る。	Lesson2 When is your birthday?
	2	ぶんぶくの夜（岩手県の資料）	祖父母参観 集団下校訓練 避難訓練	第2回誕生集会 *絆募金 しっかり食べよう進んで読書に取り組もう（10月）	〈そなえる〉正確な情報の発信・収集・判断	未来がよりよくあるために 平和のとりでを築く イーハトーヴの夢	戦争から平和への歩みを見直そう	速さの表し方を考えよう	変わり続ける大地	ふるさと	墨のうた	くふうしよう楽しい食事	生活習慣病の予防	自分の将来を探ろう ・自他を大切に思い、自分の役割を考える。	Lesson6 What time do you get up?
	3	東京大空襲の中で かけがえのない命（文科省）	心の授業 卒業証書授与式	第3回誕生集会 *絆募金 金管引継を 6年生を送る会を成功させよう（2月）	〈かかわる〉世界中たくさんの幸福にならないうちは	生きる ゆずり葉 海の命 生き物はつながりの中に	日本国憲法 基本的人権の尊重 平和主義 災害から人々のくらしを守る政治の働き	量の単位のしくみを調べよう	地球に生きる	心をこめて表現しよう ハナミズキ	思いを一文字に	成長した私たちの生活	薬物乱用の害と健康	一枚の写真に思いをこめて ・自分の幼い頃を振り返り感謝の気持ちを感じ取る。	Lesson7 We are good friends.
親切、思いやり	1	車いすでの経験から（東京書籍）	入学式 1年生を迎える会	1年生を迎える会 *なかよし	〈いきる〉「もっこ」で弁当配達〈そなえる〉応急手当のしかた	ようこそ、私たちの町へ 伝えたいことを伝える	大陸に学んだ国づくり	かたちであそぼう	大地のつくり	いろいろな音のひびきを味わおう	わたしのお気に入りの場所	暑い季節を快適に	病気の予防 体ほぐしの運動1	自分を知ろう ・自分を知ることで周りの人のことも理解する。	Lesson1 Do you have "A"?
	2	心に通じたことばのひとつひとつ（東京書籍）	修学旅行 親子文化活動感謝集会	*なかよし	〈そなえる〉そのとき、どうする?	「鳥獣戯画」を読む	わたしたちの暮らしを支える政治	かたちであそぼう2	太陽とかげの動きを調べよう 太陽と光を調べよう	和音の美しさを調べよう	布と枝のコラボレート	生活を楽しくしよう ソーイング	体ほぐしの運動2	自分の将来を探ろう ・これからの生き方、友達の夢を知る。	Lesson4 Turn right.
	3	最後のおくり物（文科省）	租税教室	*なかよし 第3回誕生集会 6年生を送る会	〈いきる〉多くの命を救うための防災無線〈かかわる〉未来のために	未知へ	世界の人々とともに生きる	世界にほこる新幹線	地球に生きる	日本と世界の音楽に親しもう	白の世界	考えようこれからの生活	体ほぐしの運動3	一枚の写真に思いをこめて ・これからの生き方に親切心や思いやりの必要性を感じとる。	Lesson7 We are good friends.

第 2 章

各教科等の特質を生かした
道徳教育の実際

1 各教科等における道徳教育の基本的な考え方

　道徳教育は、学校の教育活動全体を通じて、道徳的な判断力、心情、実践意欲と態度などの道徳性を養うことをねらいとしている。したがって特質を生かした各教科等の教育活動との関連を図りながら推進していくことが大切である。

　そこで、本校では、道徳教育全体計画の別葉と学級における道徳教育推進計画を作成し、各教科等の目標、内容、教材などと道徳的価値との関連を明らかにしている。特に重点内容項目に関わる指導に関しては、意図的な指導が展開できるようにしている。

　具体的な指導内容は、担任の思いや得意分野などを生かした取組にしたいと考え、学級担任の裁量を大切にしている。教師の自己評価や教師相互の実践交流などを通しながら計画を修正するようにしている。

2 各学年における道徳教育の実際

(1) 第1学年体育科における道徳教育
1　重点内容項目：「C　規則の尊重」
2　めざす子ども像：みんなが使うものを大切にし、きまりを守ろうとする。
3　指導の実際

○単元名　「道具遊び」「水遊び」「冬の体育教室」
○指導の手立て
　1学期に「道具遊び」の学習を行う際に、校庭や体育館における遊具の使い方を、実際の場面で指導する。その時に、教師との問答によって考えさせたり、子ども同士で考えさせたりしながら、みんなで仲よく安全に気を付けて遊ぶ意識をもたせた。

冬の体育教室

　2学期のプールでの「水遊び」の学習では、利用の仕方やきまりとともに、命の大切さを教えながら安全で楽しく水遊びをする態度を育てた。

　3学期に校外で行う「冬の体育教室」では、公共の場である小岩井農場に行き、そり遊びを行う中で、順番を待つことの大切さやゲームを通してルールを守ることの大切さなどを身に付けさせるようにした。

　このような学習に対して、保護者からは次のような声が寄せられている。
○「本校の子どもたちは、明るく朗らかでルールを守る子どもたちが多いように感じます。きっと道徳教育が礎にあるのだと思います。今後もそのよりよい個性を伸ばすような温かな指導をお願いします。」
○「本校の道徳教育で感じることは、考えたことが子どもの心に根付いていると思います。これからどんどん成長していく過程で、大切な軸となり、生きていく力となっていくことを期待します。」
○「学校で習ったことが、少しでも理解できて少しでも実行できる子どもに成長して欲しいと思います。家で教えていても、やはり学校での生活をしながら集団で学ぶことの方が大きいです。」

(2) 第2学年生活科における道徳教育

1　重点内容項目：「B　親切、思いやり」

2　めざす子ども像：誰に対しても温かい心で接し、相手のことを考えて進んで親切にしよう
　　　　　　　　　　とする子ども

3　指導の実際

○単元名　「なかよし学校あんない」「おじいちゃん、おばあちゃんと遊ぼう会」
○指導の手立て

　1学期の「なかよし学校あんない」の学習は、2年生が1年生とペアを組み、校舎を案内しながら校内のルールやマナーを優しく教える活動である。この活動を始めとして、これから1年間、1年生と共に遊んだり活動したりする機会を意図的に設けることとなる。

事務室を訪問する児童

　活動は、前日に「顔合わせの会」を行い、前年度に大事に育て収穫した「アサガオ」の種のプレゼントから始まる。その後、案内をするグループごとに集まり、自己紹介やグループの名前決め、めあての確認等を行う。

　活動日には、4〜5名のグループごとに分かれて、校舎内14教室を歩いて回り、その部屋にしかないものを見つけたり、その部屋にいる職員と握手するなどの活動を行った。

　2年生は「1年生にやさしく、わかりやすく学校を案内しよう」というめあてを自分たちで考えたが、そのめあてを意識しながら、1年生をしっかりリードし、優しく教える姿が随所に見られた。普段は幼く見える2年生も、1年生と一緒に行動することによって、頼もしい姿が見られた。

　2学期には、児童の祖父母や地域の人々の協力を得て「おじいちゃん、おばあちゃんとあそぼう会」を毎年行っている。地域のお年寄りから昔の遊びを教えていただく機会を通して、長い間一生懸命生きてきた人々を敬い、尊敬する心情を育てたいと考え取り組んでいる学習である。

　活動は、10名前後のお年寄りに来校いただき、おはじきやあやとり、お手玉やけん玉、こま回しなど、普段あまりふれることのない遊びに取り組ませる。どの児童も目を輝かせ夢中になって遊ぶ姿は、毎年見られる光景である。こつを覚え技が成功すること、あちこちから「できたあ」との歓声が上がる。この達成感こそが、地域のお年寄りに感謝の気持ちをもつ原動力になっている。

昔遊びの会

　さらに、この活動で重視しているのは、開催するための準備を整えることである。来てくださる人々の名札作りやめあて・きまり・プログラム作り、用具の用意や会場作りなど力を合わせて準備する。このように主体的な活動を通して、ねらいとする道徳的価値について理解を深め、道徳性を養っていくことができる。

(3) 第３学年国語科における道徳教育

1 重点内容項目：「Ａ　希望と勇気　努力と強い意志」

2 めざす子ども像：すぐにはできないことも、自分でやろうと決めたことは、粘り強く最後
　　　　　　　　　までやり遂げようとする子ども

3 指導の実際

○単元名　「ローマ字」「先人について知ろう」

○指導の手立て

　９月に「ローマ字」の学習を行う。児童にとっては小学校に入って初めてふれる文字である。しかし、日常生活の中では目にする文字でもある。そこで、ローマ字表記が使われる理由や合理性について理解させた後、ローマ字表記された簡単な単語について読んだり書いたりする学習を行う。

　ところで、ローマ字の綴り方には、ヘボン式と訓令式があるが、この訓令式のもととなった日本式を考案したのが、本県出身の田中館愛橘である。彼は二戸市出身の物理学者であるが、ローマ字の普及にも努めた人物である。

　そこで、国語科でのローマ字の学習を通しながら、郷土の先人である田中館愛橘の業績について知らせ、その生き方について道徳の時間の「心にきめて―田中館愛橘」を通して学ばせていくという構想を立てて学習を展開した。

　まず、４時間扱いの「ローマ字」の学習では、ローマ字表記されたものを見つける活動を取り入れ学習意欲を高めてから、ローマ字の書き方やローマ字表の活用、簡単な単語を読んだり書いたりする学習を進めた。始めは興味関心が高かった児童も、練習を繰り返したり、特別な表記の仕方を学んだりする中で、「大変だ」「難しい」「何回も練習したくない」「わからない」といった意欲の低下が見られるようになった。

　そのような児童の状況を捉えて、このローマ字の普及に努力した人物が、本県の先人であることを知らせた。児童は一様に驚きの声を上げ、どんな人物であったのか、何のためにローマ字の普及に努めたのか知りたいという思いがふくらんでいった。

　なお、知りたいと思ったことについては、総合的な学習の時間の「先人について知ろう」の時間を使って調べるとともに、学問をする難しさや勉強をする苦しさを抱きながらもそれを乗り越え生きていくことの大切さを学ばせる道徳の学習へとつなげていった。

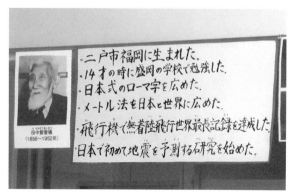

ローマ字の普及に努めた郷土の先人（田中館愛橘）について児童に伝える

---

(4) 第４学年理科における道徳教育

1　重点内容項目：「D　生命の尊さ」

2　めざす子ども像：一人一人のかけがえのない命と、その尊さを知り、生命を大切にしようとする子ども

3　指導の実際

○単元名　「あたたかくなると」「すずしくなると」「さむくなると」「地震のしくみと被害」（復興教育）
○指導の手立て

　1学期の「あたたかくなると」の学習では、児童を取り巻く自然の草木、生き物への興味を抱かせるために、校庭周辺の草木の観察をさせ、畑で作物を作る学習を行った。そして、理科の学習教材として「キュウリやヘチマ」作りに取り組ませた。その栽培活動を通して、育てる喜びや成長のすばらしさを感じ取らせた。

ヘチマの栽培と収穫

　2学期の「すずしくなると」の学習では、児童を取り巻く自然の草木の変化に気付かせるためにヘチマの成長の観察を行った。

　また、JRC委員会の活動（p.33参照）であるうさぎの世話に関心を向けさせ、次年度に自分たちが委員会活動等で命を受け継ぐ後継者になることを意識付けさせた。

　さらに「さむくなると」の学習では、動植物の一年を振り返る中で、生き物の生命のつながりに気付かせるため、越冬の仕方や春を迎えた動植物の姿を考えさせ話し合わせる学習を行った。

うさぎの世話をする

　本校では、復興教育の一環として横軸連携校である宮古市の重茂小学校と、4年生を中心に交流している。

　そこで、復興教育の「いきる　かかわる　そなえる」の副読本を活用して「地震のしくみと被害」について理解し、津波被害の大きかった沿岸地区を訪問した時に、より理解を深めさせようと考えて取り組んでいる。これは、とりもなおさず「命」を守る学習となる。

　今年度までに、津波被害の大きかった宮古市田老地区を訪問して災害時の話を聞いたり、津波の様子をビデオで見て学習する活動や、連携校である宮古市立重茂小学校を訪問し、交流を深めたりする活動を行ってきた。

　これらの活動を通して、東日本大震災の記憶を児童に伝えるとともに、命を守っていくためにはどう行動していったらよいか理解させ、生命を尊重することの意味を考えさせることができるものと思っている。

宮古市田老地区で津波の被害を学ぶ

⑸　第５学年総合的な学習の時間における道徳教育

1　重点内容項目：「C　規則の尊重」

2　めざす子ども像：社会で生きる一人として、守らなくてはならないことやしてはいけない
　　　　　　　　　　ことを自覚し、実行する子ども

3　指導の実際

○単元・活動名　「自然はみんなの宝物」「われら、エネルギー探検隊」
　　　　　　　　「区界グリーンキャンプ」（学校行事関連）

○指導の手立て

　１学期に「自然はみんなの宝物」の学習を行う。この学習は、学校行事として訪問する区界少年自然の家周辺に生息する動植物の状況や種類について調べ、それらを守っていくためのルールやマナーについて考えさせることをねらいとしている。

源流探索

　２学期には、宿泊体験学習として「区界グリーンキャンプ」を行う。この活動は集団生活を通して、時間を守ることや公共施設を利用するきまり、マナーを守ることについて、「へいがわ体験」を通して学ぶものである。また、キャンプファイヤーなど楽しくふれあうレクリエーション的な活動にもルールが必要であることを学ばせる。そして、活動後に学習を振り返らせ、きまりの大切さについて道徳ノートである「ねむの木ノート」に記述させる。

　さらに、きまりは自分たちの生活のためだけにあるのではなく、広い視野からもきまりを捉えさせたいと考え「われら、エネルギー探検隊」の学習を行う。この学習は、地球温暖化について学ぶ学習である。CO_2の削減のために自分たちができることを話し合わせ、家族の協力も得ながら、実際に各自の生活をチェックさせる。そして、その分析から、自分たちが地球環境を守るためにできるマナーについて考えさていく。

　このように意図的な体験を通して道徳的価値を体得させていくことが、道徳性を高めるために必要な活動であると考える。

　このようにして「ルールとマナー」を学んできた児童の成長の様子について、保護者からは次のような声が寄せられている。

○ルールやマナーは、自分の考えだけでなく、みんなで話し合うことでいろいろな意見や守ろうと思う気持ちが互いに共有できるので、とっても大事な時間をもてていると思います。

○ルールやマナーは、当たり前のことであっても、なかなかできていないものかもしれません。みんなで話し合うことで、一人一人が意識をもって行動できるようになると思います。

山頂に立つ

○ルールやマナーは、たくさんの人が一緒に生活する上で欠かせない大切なものですが、機会が少ないとなかなかそれについて話し合うことが難しいものです。でも、我が子もみんなも心の中で思っていることが、それぞれにたくさんあるのだということに気付いたと思います。話したり、体験したりすることによって気付けることや改善できることをたくさん見つけられてよかったです。

※保護者から寄せられた感想や意見は、指導法の改善に生かすようにしている。

⑹　第6学年社会科における道徳教育

1　重点内容項目：「A　希望と勇気、努力と強い意志」

2　めざす子ども像：夢や希望を高くもつとともに、挫折感を克服する人間の強さにも考えを
　　　　　　　　　　深めて、くじけず理想に向かって歩んで行こうとする強靭な意志力をも
　　　　　　　　　　つ子ども

3　指導の実際

○単元名　　「世界の中の日本」
　　　　　　「修学旅行」（学校行事関連）

○指導の手立て

　盛岡市では、盛岡にゆかりのある先人たちの生き方を子ども
たちに学ばせ、将来に対する希望やふるさと盛岡に対する愛着、
目標に向かって努力する心を育むことに取り組んでいる。すな
わち「夢」と「誇り」と「志」を育む盛岡の先人教育である。
その代表的な先人として、石川啄木が挙げられている。啄木は、
明治期を生きた詩人である。そこで、本校で長年取り組んでい
る川柳作りや学区に隣接する場所に「啄木新婚の家」があるこ
とから、先人教育を進める上で、特に取り上げて学習意欲を高
めている。

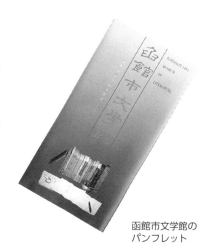

函館市文学館の
パンフレット

　本年度は、修学旅行地を函館に変更したこともあり、啄木の
生き方をさらに追究していくことによって、「希望と勇気、努
力と強い意志」について考えを深めることをねらった。

　まず、修学旅行で訪れた、啄木資料館や啄木一族の墓の見学を踏まえて、啄木について詳しく調べ、啄
木を含めその時代に生きた人々が夢と希望をもって、さまざまな困難を乗り越えてきた事実に関心をもた
せた。

　さらに、社会科の「世界の中の日本」の学習の中で、外国の様子を日本と比較し、当時の人々の努力に
ついても考えさせた。そして大きなことを成し遂げたゆかりのある人物・啄木について、自分なりにパン
フレットにまとめさせたり、自分の考えを述べさせたりしながら、自分の志に対する気持ちを高める学習
を行った。

　これらの活動のまとめでは、「ねむの木ノート（道徳ノート）」に感想や感動を書かせ、自己の変容や成
長の様子を表現させるようにした。

大森浜の啄木像にて

「ねむの木ノート」に記述された感想の一部

…啄木の作った歌が刻まれている歌碑が資料館のそばに
ありました。啄木はたくさん歌を作りましたが、この歌
碑のある「大森浜」がよく出てきます。それは、啄木に
とって大森浜は母のように自分を育ててくれた大切な場
所だからです。その大切な場所を表現の中にいれている
ことが一番印象に残りました。私も、将来そのような考
え方ができるような人間になれるようがんばりたいと思
います。

(7) 特別支援学級における道徳教育

1　重点内容項目：「B　親切、思いやり」

2　めざす子ども像：自分より幼い人や困っている人に温かい心で接し、親切にしようとする子ども

3　指導の実際

○題材名　音楽科「うたでなかよし」「うたでともだちのわをひろげよう」

○手立ての工夫

　本校の特別支援学級は、知的障害児学級が1学級、肢体不自由児学級が2学級ある。そのうち肢体不自由児学級1学級は、1・2年生合わせて8名が在籍している。その8名の児童の関わりを通して、「親切、思いやり」の道徳的価値をより深く学ばせようと考えている。

　音楽科においては、ペアを組ませ、楽しく歌ったり身体表現をさせたりすることにより、上学年が下学年にやさしく接する姿が見られた。下学年はやさしくしてもらう体験をすることで、うれしさを味わった。そして、ペアの相手に対して考慮しながら、より交流が深まるように配慮した。歌を歌うという楽しい空間の中で、歌詞を大事にしながら、手を取り輪になることでよりやさしさが伝わるように工夫した。

○単元・活動名　教育関係行事「市内合同学習発表会」

○手立ての工夫

　市内合同学習発表会とは、盛岡市内の特別支援学級が一堂に会して、日頃の学習の成果を発表する会である。本校の児童15名も参加し、日頃の頑張りと成長を感じさせる発表を行った。この取組への練習を通して、児童同士の関わり合いを多くもち、お互いを尊重し合い、相手を大切にする気持ちを培っている。

全児童の前で発表会の演技を披露する

3 特別活動における道徳教育の実際

(1) 基本的な考え方

　道徳の時間と特別活動は、道徳教育を進める上で両輪だと言われている。それは一つの道徳的価値について、道徳の時間では内面的な資質を育み、特別活動では実践的な行動を促すことができるからである。そこで、道徳の時間で学んだねらいとする道徳的価値が、十分に深化していくようにさまざまな活動を工夫している。

(2) 主な活動内容

　ア　学級活動…学級生活の諸問題を自主的に取り上げ解決していく中で、基本的な生活習慣、望ましい人間関係、健康で安全な生活態度、意欲的な学習態度の形成を図る。

　　○係や当番などの活動等　　○学習参加への約束　　○保健指導（歯科ブラッシング）

　　○交流学習（特別支援）

　イ　児童会活動…学校生活の充実、向上を図るために、さまざまな活動を、自発的、自治的に行うことによって、自主性と社会性を養い、個性の伸長を図る。

　　○誕生集会

　　　年間3回（4〜7月生まれ、8〜11月生まれ、12月〜3月生まれ）、児童の誕生を祝う集会活動として誕生集会を行っている。会の中では、今月の歌や「ハッピーバースデーを君に」などの合唱、誕生者から保護者に対する感謝の手紙の発表、6年生の保護者からは、我が子へメッセージの朗読があったりする。この活動を通して、命の尊さについて思いを深めるようにしている。

親から子へ　誕生のエピソードが紹介される

　　○JRC活動…青少年赤十字活動を通して、思いやりの心を育て、実践的な態度を養う。その中心はJRC委員会であり、1円募金・絆募金やチャリティーコンサート（音楽委員会によるハンドベル演奏）などを主体的に行っている。

○熊本地震に対する児童の自発的活動

　平成28年4月に起きた熊本地震に対し、6年生の児童の呼びかけで募金活動が行われた。授業参観日でも保護者に呼びかけ、それ以後も募金活動を行った。そして、学区内にある材木町郵便局に、6年生全員が赴き義援金を送金した。また、そのことを壁新聞や「誕生集会」などで報告し、これからの自分たちの心のあり方について考えを伝えた。

集まった募金を、地域の郵便局で義援金として送金する6年生

○1年生を迎える会　6年生を送る会
○委員会活動（8つの委員会）
○縦割り班遊び（なかよしタイム）

感謝集会で地域の方々と握手し感謝を伝える

縦割り班の異年齢集団遊び

ウ　クラブ活動…4年生以上の同好の児童がのびのびと楽しく活動することにより、共通の興味、関心を追究する。
　○クラブ見学
　○作品展示

エ　学校行事…学校生活に秩序と変化を与え、集団への所属感を深め、学校生活の充実と発展に資する体験的な活動を行う。
　○入学式　卒業証書授与式など　　○運動会　校内マラソン大会
　○修学旅行　区界グリーンキャンプ　校外学習　　○感謝集会
　○音楽鑑賞教室　連合音楽会　　○親子美化活動
　○インターネット教室　防犯教室

4　道徳的実践を促す環境整備

(1)　こころの日

　毎月11日を、東日本大震災大津波をいつまで
も忘れないために「こころの日」という名前で
呼び、あいさつ運動や被災地への絆募金、全校
VS活動（校庭の石・枝拾い、落ち葉掃き、雪かき）
などを行う日としている。

　さらにこの日は、『私たちの道徳』を読み、

心に残った言葉や文章のページに「付箋」を貼る活動も行っている。朝読書の時間や休み時間、
活動と活動の間の隙間時間などに、自ら進んで心に残る言葉を見つけ出している。

(2)　河北カルタ作り

　本校の重点目標である「思いやりのある子ども」の具現化をめざして、「ルールとマナー」
を合い言葉にさまざまな取組をしている。その一つとして、学校のルールやマナーについて児
童自ら考え、主体的に行動する意欲を育てることをねらいとした「河北カルタ」作りを行った。
平成27年度には読み札を作り、平成28年度には絵札を作った。

河北カルタは、校内に掲示している

(3) 「わが家のルール」（親子短歌作り）

　「河北カルタ」に引き続き、各家庭での「ルールやマナー」の確立をめざして親子短歌作りを行った。内容は家庭内のルールや、親子間の願い、子どもに伝えたい道徳的価値のよさなど幅広く捉え、親子の返歌形式で作成した。現在70首以上の作品が集まっている。今後も教育振興運動の取組の一つとして継続していく予定である。

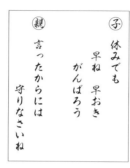
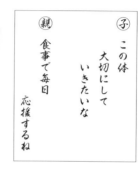
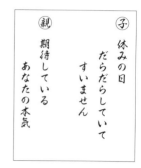

子　お手伝い　これからしっかり　やってくよ
親　期待している　あなたの本気

子　休みでも　早ね　早おき　がんばろう
親　言ったからには　守りなさいね

子　この体　大切にして　いきたいな
親　食事で毎日　応援するね

子　休みの日　だらだらしていて　すいません
親　期待している　あなたの本気

(4) ハートランド河北

　本校のシンボルとして「ねむの木」がある。このねむの木は、毎年7月上旬に濃い桃色の花を咲かせ、秋には大きな葉が舞い散り、冬には雪を被り春をじっと待つ姿が心にしみ、季節の移り変わりを感じさせる落葉樹である。児童は、このねむの木とともに6年間を過ごし、落ち葉掃きの奉仕活動等を積極的に行っている。

　また、ねむの木の近くには、うさぎ小屋があり、JRC委員会による日々の世話や5・6年生による長期休暇中の世話がある。そして、一つの小さな命をみんなで育んでいる。1・2年生は生活科や休み時間などにうさぎにふれあい、児童にとっての大切な命の存在となっている。さらに、小さな池やさまざまな植物が温かな学校環境の一つとなっている。これらの環境を「ハートランド河北」と名付け、豊かな情操を育んでいる。

校庭にはさまざまな樹木がある

うさぎの世話をする児童

(5) 家庭や地域との連携

① 学級通信での情報提供

　各学級の通信等で、道徳の時間の学習の様子を伝え、保護者に対して理解が深まるようにしている。

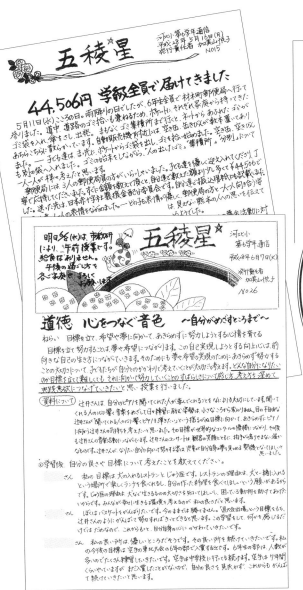

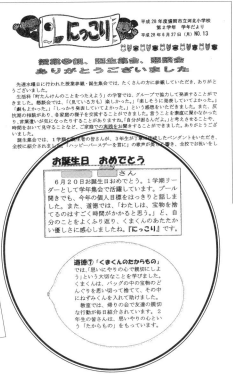

② 民生児童委員会議・河北小学校区教育振興協議会の取組

　地域と学校で組織的な活動を展開し、一人一人の児童を温かい目で見守ったり、生徒指導上の課題を共通に理解したりして、地域ぐるみで支援する体制を作っている。

③ 健康な生活習慣をめざす「けんこうポイント」の取組

　規則正しい生活をしようとする意識と実践力を高めることを目的に、年3回、学期に一度「けんこうポイント」に取り組んでいる（1学期は運動会前、2学期はマラソン大会前、3学期は3月）。

〈3年生いじょう〉 3学期けんこうポイント

スキー教室を元気にむかえよう！
　　　　　　　　　　　　　　　　　　　　　　　　　　　年　　番 名前

学級の目標☆　早ねをがんばる
自分の目標☆　早ね 早起きをがんばる。

25日（月）に書きましょう

反省
目標は守れましたか？
がんばったこと、これからがんばりたいことを書きましょう。

自分の私生活がどれだけみだれているか、わかりました。次からはこの健康ポイントの数字で生活の乱れをかいぜんしていきたいです。

おうちの方から

予定や行事がある時は早起きも出来るので、ちゃんと夜寝れば朝も起きれるようなので、と改めて思いました。時間を効率的に使えるように頑張ろう。

満点シール	項　目	19日(火)	20日(水)	21日(木)	22日(金)	23日(土)	24日(日)	25日(月)	3学期合計	2学期合計
	ア 早ね（昨日の夜） 9時30分前にふとんに入る 2ポイント	0	0	0	0	0	0	0	0	4
	イ 早起き（今日の朝） 6時30分前に起きる 2ポイント	2	0	2	2	0	2	0	8	4
☺	**ウ 朝ごはん** ごはん（パン）＋のみ物だけ 1ポイント ごはん（パン）＋おかず（みそしる）を食べる 2ポイント	2	2	2	2	2	2	2	14	9
	エ はいべん 朝にうんちが出たら 2ポイント それいがいの時間にうんちが出たら 1ポイント	1	2	1	2	2	1	2	11	7
	オ 歯みがき 朝昼夜（ねる前）に、わすれないで 1日3回歯みがきできた 2ポイント 1日2回または1回だけみがいた 1ポイント	2	2	2	1	1	1	2	12	11
☺	**カ 元気なおはようのあいさつ** 自分から進んであいさつ 2ポイント	2	2	2	2	2	2	2	14	14
	合計 12点満点	9	8	9	10	7	8	8	59	49

3学期もけんこうポイントに気をつけて、元気にすごしましょう！

☆22日（金）に持ち帰り、休み中もチェックして25日（月）に学校に持ってきます。「合計」と「反省」を記入し、「おうちの方から」を記入してもらってから学校に提出しましょう。
がんばりましょう

---

④ 地域社会への貢献活動

　毎年7月最終週の土曜日と日曜日には、学区内の材木町にある酒買（さけかい）地蔵尊の例大祭が行われる。その地域のお祭りを盛り上げる役目を果たすために、5・6年の児童全員で結成している金管バンドによるマーチングを行っている。それにより地域に貢献し、また、地域の人々が自分たちを大切に思ってくれているのだということを感じ取らせている。

（加美山悦子）

地域の祭りでのマーチングパレード

第 3 章

「考え、議論する道徳授業」
の実際

1 考え、議論する道徳授業の基本的な考え方

(1) 学習指導過程の構想

　本校では、次の5つの段階を基本にして1時間の授業を構成し取り組んでいる。ただし、指導者の指導年次により教材の内容や活用の仕方によって柔軟に変更している。

　「気付く」段階は、主題に対する児童の興味関心を高め、ねらいとする道徳的価値の自覚に向けて動機付けを図る段階である。この段階では、短時間のうちにねらいとする道徳的価値に向かわせるように工夫することが大切である。

　「深める」段階は、ねらいとする道徳的価値の自覚を深める段階である。この段階では、道徳的な価値について理解させたり、自分との関わりで道徳的価値を捉えさせたりしなければならない。そのために、教材の登場人物に自我関与させるための工夫が求められる。

　「つかむ」段階は、ねらいとする道徳的価値を理解し、自分事として自分の経験に立ち戻って考えさせる段階である。自己理解を深めさせるために、十分に考えさせる時間を確保することが大切である。

　「広げる」「まとめる」段階は、ねらいとする道徳的価値に関わって、今後の自己の生き方に生かして行こうとする意欲をもたせる段階である。そのために、教師による道徳的価値の押し付けにならないようにすることが大切であり、児童の意欲の高揚を図る工夫をしなければならない。

　以上のような視点に立ち、指導上の留意点をまとめたものを以下に示す。

段　階	指　導　上　の　留　意　点
	・「第（　）回道徳」と板書する（板書しておく）。 　（道徳の時間の確実な実施のために必須である。） ・始業のあいさつ　「これから、心の学習を始めます。」 　（本校では道徳の時間のことを「心の学習」と呼んでいる。） ・物や心の準備の確認をして、落ち着いた雰囲気の中で始めるようにする。
気付く	・ねらいとする道徳的価値に興味をもたせるために、児童や学級などの実態（生活経験）を取り上げる。 ・教材の内容に関連する説明や補足を行い、教材に興味をもたせる。 ・学習課題を設定する場合は、単なる行為の指導とならないように配慮する。
深める	・教材へ親しみをもたせ、ねらいとする道徳的価値について主体的に考えようとする意欲を高める。 ・何について学び合うのか、キーワードを板書して学習を方向付ける。 ・教材の読み聞かせ後に学習課題を設定する場合は、教師の指導観を確認した上で、教材を通して考えたいことを児童との問いの中で設定する。 ・登場人物に自我関与させて、その行為や考え方、感じ方を発表させる。 　（人間がもつ心の弱さの部分を含め、「そういう気持ちはわかるなあ」と受容的に受け止めることが大事である。）

	・価値理解、人間理解、他者理解が深まるように教師が構成した発問で話合いを行う。 ・構造的な板書になるよう構成を工夫する。
つかむ	・自分の経験に基づきながら自分事として考えさせ、自己理解を深めさせるようにする。 ・児童に特に考えさせたい事象に関わる言葉は朱書きして明確にする。
広げる	・自分自身の心の在り方に目を向けさせる。ねらいとする道徳的価値が、自分の日常生活にも関わりがあるものであることを具体的な行為に結び付けて考えさせる。 ・ねらいとする道徳的価値を自分の生き方に生かそうとする意欲をもたせる。
まとめる	・教師の説話や視聴覚教材などを用いながら、ねらいとする道徳的価値の自覚を一層深め、実践意欲を高める。
	・終業のあいさつ「これで、心の学習を終わります。」 ・余韻をもたせ、落ち着いた雰囲気の中で終えるようにする。

※外部人材を活用するときには、ねらいからずれないように事前の十分な打ち合わせが必要である。

研究授業の様子を掲示することによって、学習指導過程の理解を促している

(2) 児童の思考を促す教室環境の工夫

　教室の前面は学習を深めるためのステージであるという考えから、掲示物は教育目標のみとし、児童の思考を妨げる情報を最小限に留めるようにしている。これは、様々な特質をもった児童に対して配慮するユニバーサルデザインの考え方に即している。

　学級経営にかかわる掲示物や道徳の時間に学んだことや考えたこと、体験を通して学んだことなど学習の軌跡がわかる掲示物は教室の背面に掲示するよう統一している。特に、道徳の時間に学んだ内容については、学級目標との関連を図り、目指す児童像や学級像がわかるように掲示を工夫している。このようにして、日常生活の中でも道徳の時間の学習を振り返りながら、児童自身が自らの道徳性を育んでいこうとする意欲をもてるように、教室環境を工夫している。

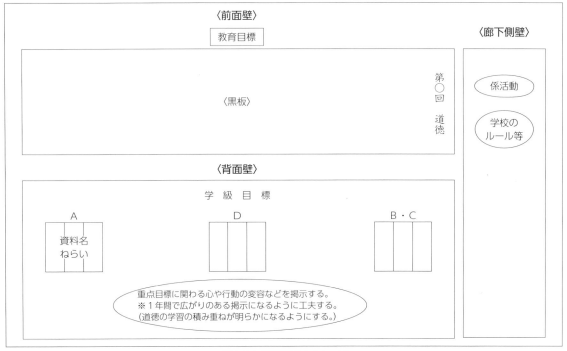

基本的な教室環境のイメージ

5学年の背面壁

2学年の背面壁

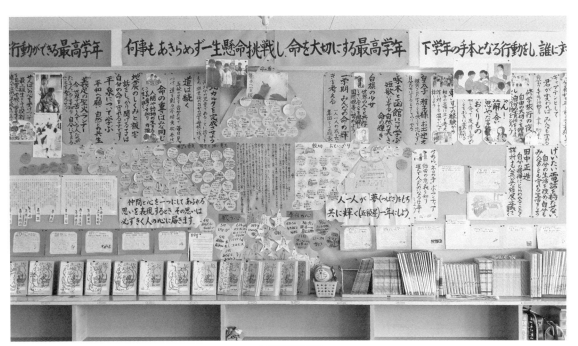

6学年の背面壁

(3) 多様な指導方法の工夫

①自分事として考えさせる教材提示

　1時間の中で、教材の主人公と自分自身を重ね、ねらいとする道徳的価値の自覚を深めるためには、児童が自分との関わりの中で考えられるように教材との出合いを大切にする。

　そのために、児童に教材の世界に浸らせるような工夫を行う。ただし、情報過多にならず、精選された情報で想像をふくらませることができるように留意することが大切である。

* 挿絵、ペープサート、紙芝居、パネルシアターなどによって臨場感あふれる場面把握を行う。
* 劇場的な場面作りによって自分との関わりを深めさせる。
* 各教科等の学習と関連した写真を用いて学習を想起させる。
* 実生活との関わりをもつ資料を提示し、実感をもたせる。
* プロジェクター等の映像機器やBGMを活用することによって、感動的な場面設定の効果をねらう。

2年『ぴょんちゃんとひまわり』
実物大の絵を提示して印象を深める

1年『はたらけせっせ』
場面絵をペープサートにして提示した後、
黒板に立体的に提示する

5年『命』
いのちの歌の歌詞を拡大することで、
詩の内容を強調する

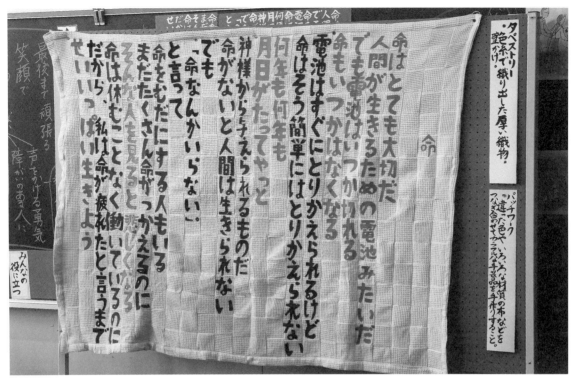

5年『命』
教材の内容に即してタペストリーを作り、教材の世界に浸らせる

・提示する時間を確保するためには，時間配分の吟味が必要である。

・児童アンケートを用いたり、教師の説話や詩などを用いたりすることにより、児童の思いや課題を素直に表現させるように工夫することが大切である。

・『私たちの道徳』に示されている資料も大いに活用する。

6年『世界に羽ばたく「航平ノート」』
岩手で努力をしているプロ野球の元選手から学級の児童に向けたメッセージを事前に収録し、それを視聴させる

5年『年老いた旅人』
自分たちの住んでいる町の写真を提示し、
学習課題への意識付けを図る

特別支援学級『ごろりん　ごろん　ころろろろ』
パネルシアター（黒板シアター）によって教材を提示する

・復興教育との関連を図るために、復興教育副
　読本を活用する。

「まとめる」段階において、ねらいとする道徳的価値につ
いての考えを深めさせるために、今まで活動してきた様子
をスライドショーにして視聴させる

2年『ぴよちゃんとひまわり』
「まとめる」段階において副読本の
一部をスライドショーとして視聴さ
せ、ねらいとする道徳的価値につい
ての考えを深める

生きのこったイトヨ

②自分と向き合って考える発問の工夫

　児童が自分自身と向き合い、多様な考え方や感じ方と出合いながら、ねらいとする道徳的価値の自覚を深めるためには、教師が発問構成を十分に工夫することが大切である。中心的な発問を軸に学習を一体的に捉えるような組み立てが必要になる。

・児童の問題意識や疑問が生かされ、多面的・多角的に考えられるような発問にする。
・考える必然性や切実感があり、自分事として考えたくなるような発問にする。
・児童相互の思考が広がったり、深まったりする発問にする。

【発問の具体例】
1　主題名　かけがえのない命
2　教材名　「命」(学研　5年)
3　ねらい　進んで自他の生命を大切にしようとする心情を育てる。
4　主な発問
○これからの夢や目標は何ですか。
　①いじめの起こっていたクラスの子どもたちは、どんな気持ちでタペストリーを作ったのでしょう。
　②この詩のどこから、命の大切さや由貴奈のどんな願いを感じますか。
　③主人公の思いをこれからの生活に生かすために、皆さんはどんなことができますか。
　　今までの自分自身を振り返って考えましょう。

命を大切にしたいと考える主人公の苛立ちやくやしさ、願いが詩にこめられていることを詩の言葉から捉えさせ、なぜそのように感じたか語らせることにより、主人公の思いに深く共感させることをねらう。

1　主題名　生命のつながり
2　教材名　「ゆきひょうのライナ」(東京書籍　2年)
3　ねらい　生命を大切にして一生懸命生きようとする心情を育てる。
4　主な発問
○生きるために何をしていますか。どんな気持ちで生きていますか。
　①きつねの言葉を聞いたライナは、どんなことを考えたのでしょうか。
　②ライナはどんな気持ちで今生きていこうと考えたのでしょうか。
　③これまで、命のもととなる食べ物のことも考えて一生懸命生きてきたでしょうか。

登場人物の言葉を通して自我関与させ、これまでの自分の経験や考えたことを引き出し、自分の考えをより明確にさせることをねらう。

③対話的な学びの工夫

　児童相互の話合いは、多様な考えを学び合い深め合うものでなくてはならない。そのために児童自らが語りたくなるような学習活動を工夫し、教師と児童の対話だけにとどまることなく、児童相互の言葉をつなぐ役目を教師が果たし、ねらいとする道徳的価値を追求させるようにしなければならない。

- ペアトークやグループトークなど対話的な学びを取り入れる。
- 発問後にすぐに発言を求めず、じっくり考えさせる。
- 教師は児童の発言をすぐに板書しないでしっかり聞くことが大切である。
- 教師は、発言をつなげていく役目を果たし、話合いの組織化を図る。
- 聴くことができる児童を育てる。
- 児童から自分事として考えを引き出すためには,教師の補助発問が大切であり、「語り合い」に発展するように導く。
- 心情円や心のバロメーターなどの教具を活用し、自分との関わりの中でねらいとする道徳的価値をどう捉えているか気付かせる。

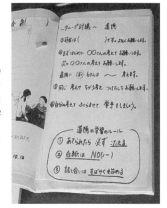

対話的な学び合いの仕方について手引きを示す。高学年では手引きがなくても学び合いができるようになるように育てる

心のバロメーターや紅白帽子の色で気持ちを表す

④自己内対話を促す書く活動

　自分の思いや考えを書き留めておくことは、自分はねらいとする道徳的価値をどう捉えているのか考える機会となる。そして、自己の変容や成長を実感することができる。そのために、書く活動を必ず位置付けている。

　また、その記録をポートフォリオ化する。その記録のことを、校地内のシンボルツリーの名前をとり「ねむの木ノート」（道徳ノート）と名付けて6年間使用させている。

- 道徳の時間に書く→考えや思いを深めたい場面でじっくり書く。
  - →自分との関わりで道徳的価値を捉えるために書く。
  - →話し合うことを整理するために書く。
  - →自分の思いや考えを誰かに伝えるために書く。
- 朝活動や帰りの会で学校行事等の感想を道徳的価値と関連させて書く。
  - →学校行事等に向かう思いを書く。
  - →取り組み過程の中で体験したり目撃したりした出来事に対する思いを書く。
  - →学校行事等を終えての感想や感動を書く。
- 家庭学習の時間に家庭生活での出来事（家庭生活）を書く。
  - →家庭生活で自分が体験したり目撃したりした出来事に対する思いを書く。

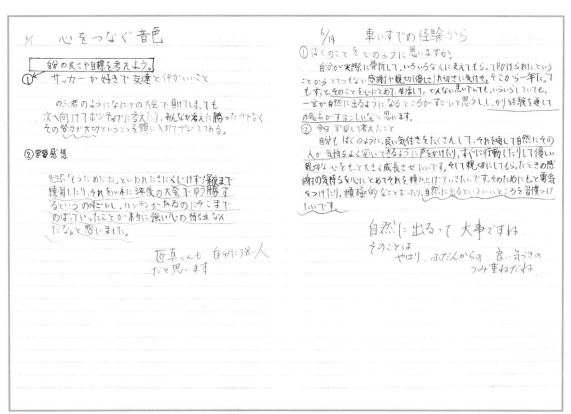

6年生の「ねむの木ノート」の一部

だい（ 三十一回 ）道とく

「たんじょう日」　　名前

なっこさんへ　なっこさん、ずいさいいのちをたすけてもらってよかったねおかあさんがいなかったらなっこさんのいのちがあぶなかったかもしれないよ。だからなっこさんのおかあさんを大切にしてあげてね。おかあさんが生んでくれたおかあさんを大切にしてあげてね。かあさんがいなければ今こうしているかしゃしていますおかあさんはかんしゃしています。おかあさんが生んでくれたれなかったかもしれません。いのちをうれてありがとうございます。

ぼくも　わたしも

きっとお母えにとっても、こすけえは、だからもので
しょうね。生きているって、だらしいですね。

2年生の「ねむの木ノート」（ワークシート）の例

家の人に気持ちを書いてもらい、道徳の時間に紹介する。家庭と連携して活用することで、家族が深い愛情で結ばれていることについて一層考えを深めることができる

生活科「季節の変化と生活」の指導に当たって、気付いたことや感動したことを絵で描いたり文章で書いたりして話し合う

『私たちの道徳』の活用例

⑤体験的な学びの工夫

　児童が教材の登場人物に心を重ね、自分との関わりの中でねらいとする道徳的価値をどう捉えているか語り、その思いが深められるようにするために、動作化や役割演技を取り入れることが大切である。動作化には「耳から聴く」「見て学ぶ」「体験して学ぶ」という大切な要素があり、児童は体験しながら気付きが促され、登場人物の気持ちを重ねて表現することができる。

　さらに、場面環境を工夫し、教材の中の話のイメージをふくらませながら体験的な学びをさせることも大切である。

- 役割演技（特定の役割をもって即興的演技から深める方法）を取り入れる。
- 劇化（せりふや演技や状況などの再生）を取り入れる。
- 動作化（動きを模擬模倣して実感的な理解を深める）を取り入れる。
- 発達の段階を考慮しながら、役割演技や動作化を意図的に取り入れる。

1年「みんなの　こうえん」
ベンチの上でふざける子ども役を担任が行い、困っている女性の役を児童が行う

1年「はたらけ　せっせ」
きりぎりす役を担任が行い、ありの役を児童が行って問答をする

⑥考えを深める板書の工夫

　学習の流れを把握しながら、ねらいとする道徳的価値に関わる自分の考え方や感じ方を整理したり、深めたりするために板書の役割は大きい。それは、児童の視覚に直接訴え思考を深める共通のノートの役目がある。そこで、順接的、時系列的な板書構成だけでなく、対比的、構造的な板書構成も行うように心がけることが大切である。

- 中心部分をクローズアップした構成になるように工夫する。
- 意見の違いを考えさせたい観点で分けたり、異動でわかるようにしたりすることで、出された考えがわかるように構成する。
- 黒板を舞台のようにした使い方を工夫する。

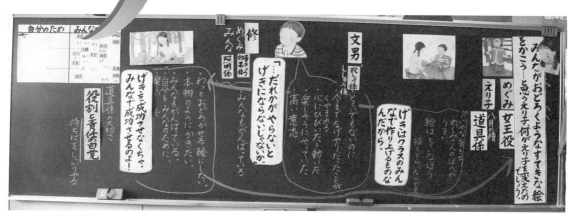

5年　「森の絵」
自分の考えに沿ってネームプレートを動かし、自分の考えや感じ方の変化を比べる

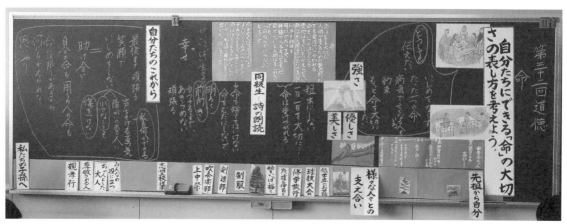

6年「命」　授業後の板書の様子

⑦座席の工夫

　本校では、コの字形を基本的な学習形態として取り入れている。それは、教師との対話や児童同士の話合いがしやすいこと、お互いの表情が見えやすいことに利点がある。

　ほかにも、児童の発言を受け止めたり、発言を引き出したりして、話合いを組織化させ、議論していくことに有効である。

　また、学びの場の設定の工夫として２つの教室を用いることも行っている。特に、低学年や特別支援学級の児童に対して有効である。

　「気付く」「まとめる」段階は、現在の自分を見つめる静的な場として通常使っている教室を学びの場とする。一方「深める」「つかむ」「広げる」段階は、教材の世界に浸り表現活動などを取り入れた動的な場とするために別室に移動させる。この教室にはあらかじめ教材に登場する場面が設定されており、その中に身を置くことによって、登場人物と自分を重ね合わせて考えさせることができるようにする。

　しかし、場が変わることによって不安を抱く児童もいるので、あらかじめ見通しをもたせておくなどの配慮も必要である。

特別支援学級　「しろくまのクウ」
南極をイメージした場面を教室に作る

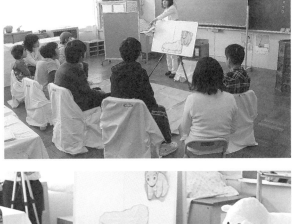

⑧児童の学びを把握する協力的な指導の工夫

　道徳の授業は、ねらいに応じてTTで行うことも有効である。例えば、T1が主に授業を進め発問を行う役目を担う。T2（T3）は児童に寄り添って考えを引き出したり、個別に配慮したり、児童と同じ立場に立ってT1に応答し臨場感を高める役目を担う。

　このような協力的な指導を取り入れることによって、学習の中での児童の動きや表情、つぶやきを捉え話合いに生かすことで、児童に自信と意欲をもたせることができると考えている。

　ほかに、授業の終末場面でゲストティーチャーを招いて自身の生き方や考え方を児童に伝えることも行っている。それによって、ねらいとする道徳的価値の自覚をより深めさせることができる。その際、ねらいとする道徳的価値からずれないように事前の打ち合わせが大切である。

（研究主任　道徳教育推進教師　加美山悦子）

特別支援学級「ごろりん　ごろん　ころろろろ」
交流している学級の担任も一緒に演じる役目を担う

特別支援学級「ごろりん　ごろん　ころろろろ」
交流している学級の担任から話を聞くことで、自分も優しい行為をしていることを写真を通して知る

4年「バルバオの木」…保護者とのTT
バルバオの木の無償の愛は、親の愛と通じるものであることを捉えさせるため、保護者から子どもへ手
紙を読んでもらう。この後、一人一人保護者からの手紙を受け取り、読む活動を行う

6年「卒業制作100点満点」…教材文の登場人物とのTT
実話を基にした自作資料の中の実在の登場人物から直接話を聞くことにより、ねらいとする道徳的価
値への自覚が深まるように構成する

2 学年ごとの考え、議論する道徳授業の実際

(1) 第1学年

1 主題名 きまりの大切さ（C 規則の尊重）

2 ねらいと教材名

　◇ねらい みんなが仲よく楽しく生活するためにきまりを守っていこうとする心情を育てる。

　◎教材名 よりみち（『みんななかよく 1』東京書籍）

3 主題設定の理由

(1) ねらいとする道徳的価値

　第1学年及び第2学年の内容の「C 規則の尊重」は「約束やきまりを守り、みんなが使うものを大切にすること」とある。これは、生活する上で必要な約束や法、きまりの意義を理解し、それらを守るとともに、自他の権利を大切にし、義務を果たすことに関する内容項目である。この内容項目は、次のように発展していく。

低学年	中学年	高学年	中学校
約束やきまりを守り、みんなが使う物を大切にすること	約束や社会のきまりの意義を理解し、それらを守ること	法やきまりの意義を理解した上で進んでそれらを守り、自他の権利を大切にし、義務を果たすこと	法やきまりの意義を理解し、それらを進んで守るとともに、そのよりよい在り方について考え、自他の権利を大切にし、義務を果たして、規律ある安定した社会の実現に努めること

　自分だけがよければよいといった自己中心的な考え方は、集団で生活していく上において、他人に迷惑をかけ、不快感を与えてしまうことになる。しかし、低学年の児童は、その発達の段階から、相手のことを十分に考え、相手の身になって行動することは難しい。

　そのために、みんなが楽しく生活するためにはきまりがあることを折にふれ取り上げたり、お互いが仲よく楽しく生活できることを基準にして自分の行動を振り返らせ、きまりをつくったりしてきた。そこで、それらを守ることによって、より楽しい学校生活を送ることができることを実感させ、さらに約束やきまりを進んで守ろうとする心情を育てることが大切であると考える。

(2) 児童の実態

　身近な約束やきまりを取り上げ、それらはみんなが気持ちよく安心して過ごすために必要であることを理解し、しっかりと守ろうとする意欲や態度を育てることが大切である。そのために、1学期の道徳「みんなのこうえん」の学習を通して、公共の場の使い方について考えさせた。また、国語科における「まちがいをなおそう」では、表記のきまりを守ることで相手に内容が正確に伝わることを考えさせた。さらに図工科における「おさんぽトコトコ」でも、作り方の約束を守ることで、転がるおもちゃを作ったり楽しく遊んだりできることを経験してきた。毎日の給食指導では、作ってくださった人へのマナーの大切さを、食器をきれいにしてから返

却することで実践させ、感じとらせるようにしてきた。

　このような指導により、静かに教室移動をしたり着替えをしたりするなど、みんなが気持ちよく安心して過ごすためには、ルールを守らなければならないことを少しずつ理解してきた。

　一方で、約束やきまりを守ろうとする意識はもっているものの、行動に移すとなると、どうしても自分の欲求を我慢できずに守れない子もいる。また、ほかの人に迷惑をかけないために、どうすればきまりを守ることになるのか、イメージを十分にもっていない子もいる。

　このことから、身近な約束やきまりを取り上げ、それらはみんなが気持ちよく安心して過ごすためにあることを理解させるとともに、行動の仕方を身に付けさせ、できたらほめることを繰り返していくことを通して、しっかりと守ろうとする意欲や態度を育てることが必要であると考えている。

（3）教材への思い

　本教材は、主人公の「ちょっとだけなら」と安易に判断して寄り道し、お母さんをはじめ多くの人々に心配や迷惑をかけてしまうという話である。

　低学年の児童の多くは、子猫や子犬など小さな生き物に親しみをもっている。そのため、その子犬を見つけると「もっと見たい」「だっこしたい」という気持ちや、主人公と同じように自分の興味をひくものがあれば寄り道したり寄り道しようと思ったりする可能性は誰にでもあることは容易に理解できると思われる。

　「寄り道してはいけない」きまりはどの児童も知っている。しかしその理由は、「叱られるから」という浅い段階にとどまっていることも考えられる。帰宅の遅い主人公を、母親をはじめ周りの人がどれほど不安な気持ちで探していたか気付く主人公の気持ちを考えさせることを通して、人との関わりの面から約束やきまりを守ることの大切さに気付かせたい。

4　考え、議論する指導の工夫

（1）お母さんの涙を見たときの気持ちをペアで話し合ったり、全体で話し合ったりさせる

　約束やきまりを守る大切さを人との関わりの面から話し合わせる。友達の多様な考え方、感じ方と出合い、交流させる。約束を軽く考えたり、うっかり破ったりすることが、周りの人にどれほどの心配や迷惑をかけることになるかを考えさせる。なお、教材文や、場面絵だけでは、

教師の役割演技によって心配する周りの人の様子を捉えさせる

後悔する「わたし」の気持ちを話し合う

帰りの遅い主人公を探し回る母親や担任など周りが心配している状況の理解が難しいと考え、教師がモデルになって役割演技を行う。

(2) みんなが仲よく楽しく生活するための「なかよしカルタ」を作らせる

　学校や家庭での生活を考え、きまりの必要性に向き合わせるためにきまりについてのカルタを作らせる。そしてそれを発表させることによって、きまりを多面的に捉えさせる。また、そのカルタを作った理由を話させることにより、きまりを守る大切さを理解させ、守っていこうとする意欲をもたせる。

作った自分のカルタを発表する

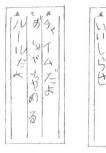
児童が作ったカルタの一部

5　学習指導過程

　展開の大要

段階	学習活動と主な発問	指導上の留意点
気付く	1　本時の学習課題をつかむ。 ○「河北カルタ」を読んでみましょう。 ・廊下歩行ゆっくり歩いて安全第一 ・約束をきちんと守って気持ちよく ・帰り道寄り道しないで帰ろうね	・「なかよしカルタ」作りへの意欲をもたせるために、「河北カルタ」を提示する。
深める	2　教材「よりみち」を読み、安易な判断で寄り道をしてしまった主人公の気持ちについて話し合う。 ①みさきさんは、どんな考えで寄り道をしてしまったのでしょう。 ・子犬を早く見たいな。 ・楽しみだな。 ・ちょっとだけなら寄り道しても大丈夫だよね。 ②通学路に出て駆け出した時、みさきさんはどんな気持ちだったでしょう。 ・どうしよう。 ・ちょっとだけと思っていたのに遅くなっちゃった。 ・怒られるかな。 ・心配していただろうな。	・寄り道をしたり、寄り道をしようとしたりした時の自分との関わりに気付かせるために、「ちょっとだけなら」という気持ちを想像させ、自分の経験に基づいた考えを発表させる。 ・「しまった」「叱られるからきまりを破ってはいけない」などの気持ちを十分に出させるために、役割演技をして、きまりを表面的にしか捉えていないことに気付かせる。

つかむ	❸お母さんの目、涙がいっぱいだった。それを見た時のみさきさんはどんな気持ちだったでしょう。 ・ごめんなさい。 ・怒られると思ったのに。 ・大変なことをしてしまったんだ。 ・すごく心配してくれていたんだ。	・約束やきまりを守る大切さを人との関わりの面から感じ取らせるために、約束を軽く考えたり、うっかり破ったりすることが、周りの人にどれほど心配や迷惑をかけることになるかということを考えさせる。 ・大きな場面絵を用いて周りの人たちの表情をはっきりと捉えさせる。 ・ペアで話し合わせたりワークシートに書かせたりして考えさせる。
広げる	3　道徳的価値の理解を基に、自己を見つめる。 ○今までの生活を振り返ってみんなが仲よく楽しく過ごすための「なかよしカルタ」を作ろう。 ○「なかよしカルタ」を紹介する。 ・おかあさん　しんぱいしてる　かえるまで ・あるこうよ　あんぜんだいじ　ろうかでは ・そうじちゅう　おしゃべりしない　はたらこう	・これまでの自分の学校や家庭での生活を考え、きまりの必要性に向き合わせるために、一人一人にカルタを作らせる。 ・自分たちが普段なかなか守れないきまりについてのアンケート結果を提示し、きまりの多様さを捉えさせる。 ・きまりを守ろうという気持ちをそれぞれがもっていることを称賛する。
まとめる	4　今日の学習で学んだことを振り返り、規則の尊重についてさらに考える。 ・教師の説話を聞く。	・約束を守ってよかった経験を話す。

〈板書〉

6 授業の概要

(1) お母さんの涙を見たときの「みさき」の気持ちをペアで話し合ったり、全体で話し合ったりさせる場面

> T1：先生とお母さん、「みさき」を見てすごい顔になったんですよね。その時「みさき」はどんな気持ちだったのでしょう。

C3：不安になりました。怒られないかなあと思ったからです。

> T3：「怒られないかな」に、似た意見の人いませんか。

C4：心配かけちゃったから、怒られると思いました。

C5：早く帰っていればよかったと思いました。

C6：早く帰ればお母さん、心配しなかったかな、と思いました。

C7：もっと早く帰れば、お母さんも心配しなかったし、自分もこういう気持ちにならなかったと思います。

> T4：こういう気持ちを、もうちょっと詳しく言ってくれませんか。

C8：自分のことを心配しているんじゃないかなって、お母さんのことが心配になりました。

C1：お母さんの顔を見たときにしゃべれない。

> T2：どうしてしゃべれないのでしょう。

C2：交通事故にあったと思ったけどみさきが無事でいたから、お母さんは安心して泣いていました。だから、心配かけちゃったなあと思ってしゃべれなくなりました。

板書

- おこられる。
- はやくかえればよかった。
- しんぱいかけた。

> T5：周りの人たちに心配かけてしまったときの気持ちをペアで話し合ってみましょう。

> T6：発表しましょう。

C8：ごめんなさい。心配かけて。

C9：寄り道しなきゃよかった。

C10：早く帰ればよかった。

(2) みんなが仲よく楽しく生活するための「なかよしカルタ」を作らせる場面

> T7：今までの生活を振り返って安心・安全な暮らしができるように、カルタを作りましょう。1つできたら読み返して2つめを作りましょう。

> T8：作ったカルタを発表しましょう。どうして、そのカルタにしたのですか。

C11：「あんぜんはみんなをまもるいいくらし」です。安全にみんなが暮らせるようにしたいからです。

C12：「わたるとき、きちんとみよう、じぶんから」です。ひかれないように自分からちゃんと見た方がいいからです。

C13：「べんきょうは、おしゃべりしないめいわくだ」です。休み時間も勉強しなきゃいけなくなるし、勉強が遅れるからです。

> T9：今日は、きまりの大切さを勉強してきました。ちょっとだけと思ってやったことが、こんなにお母さんに心配かけたり、自分も危ない目にあったりするかもしれない。だから、安心・安全に暮らすために、きまりを守ることは、大切なのですね。

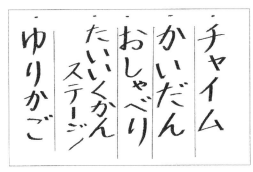

事前アンケートの結果を提示し、カルタ作りのヒントにする

「ねむの木プリント」を書いている様子

7 考察

(1) 主体的に自分との関わりで考える授業について

児童は、ねらいとする道徳的価値を自分との関わりで捉えることにより、自己理解を深めていく。

主人公に自我関与させるために、1つめの発問の「みさきさんは、どうして寄り道をしてしまったのでしょう」によって、主人公と自分自身を重ね合わせて「ちょっとだけならいいだろう」「自分もちょっとだけと思ってゲームをやりすぎたことがある」と、安易な考えで自分の欲求を抑えられずにきまりを破ってしまったことを話させることができた。そして、2つめの発問の「通学路に出て駆け出したとき、みさきさんはどんな気持ちだったでしょう」では、「叱られるから、かけ出した」と、「叱られることが悪いこと」という、日常生活の中で児童がどのような行動基準で判断しているのかその心情を発表させることができた。

さらに3つめの発問の「お母さんの目、涙がいっぱいだった。それを見たときのみさきさんはどんな気持ちだったでしょう」によって、「交通事故にあったと思ったけどみさきがいたから、お母さんは安心して泣いた。だから心配かけちゃったなあと思って、しゃべれなくなった」という内容に深まり、「周りの人に心配をかけることは悪いこと」という価値理解を深めることができたと考える。

3つめの発問について、自分の考えを書いた「ねむの木プリント」を読んで交流する

(2) 多様な考え方・感じ方と出合い、交流する授業について

　展開の後段において、今までの自分を振り返ってみんなが仲よく楽しく生活するための「なかよしカルタ」を作る活動をした。「寄り道をしない」といった教材場面以外のきまりに目を向けさせるために、事前アンケートの結果を提示した。そして自分を取り巻く生活環境の中には、さまざまなきまりがあることに気付かせることができた。カルタを作ることを通して、自分がきまりの大切さと向き合い、それを交流し合うことで、自分が今まで見過ごしていたそのきまりのもつ意義にさらに気付かせることができたと考える。ただし十分に交流させるためには、時間の確保が必要である。

（山崎幸江）

(2)　第2学年
1　主題名　生命のつながり（D　生命の尊さ）
2　ねらいと教材名
　◇ねらい　生命を大切にして一生懸命生きようとする心情を育てる。
　◎教材名　「ゆきひょうのライナ」（『みんなのどうとく　2年』東京書籍）
3　主題設定の理由
(1) ねらいとする道徳的価値
　第1学年及び第2学年の内容の「D　生命の尊さ」は、「生きることのすばらしさを知り、生命を大切にすること」とある。これは、生命あるすべてのものをかけがえのないものとして

尊重し、大切にすることである。この内容項目は、次のように発展していく。

低学年	中学年	高学年	中学校
生きることのすばらしさを知り、生命を大切にすること	生命の尊さを知り、生命あるものを大切にすること	生命が多くの生命のつながりの中にあるかけがえのないものであることを理解し、生命を尊重すること	生命の尊さについて、その連続性や有限性なども含めて理解し、かけがえのない生命を尊重すること

　かけがえのない生命を大切にするとは、かけがえのない生命そのものに気付くと同時に、一生懸命生きるという自覚をもつことが大切である。日常の中で元気いっぱい活動し、友達と生きることの喜びを共有し、健やかに成長していくことが一生懸命生きることにつながっていく。生きることは、生命を輝かせながら、生き続けることである。

　そのために、何が必要か、どう生きていくかを考えさせ、生命を大切にして一生懸命生きるという気持ちを育てていきたい。

(2) 児童の実態

　生きるためには、何が必要かを考えられるようにするために、生活科「生きものなかよし大作せん」の学習では、ザリガニやカタツムリ、ダンゴムシなどの飼育に必要なものを考えさせた。児童は、餌やすみかを調べて世話をし、大切に育てた。ザリガニが餌を食べなくなって死んでしまったときは、飼い続けることの難しさや生命が尽きた悲しさを感じた。また、国語科「どうぶつ園のじゅうい」の学習では、獣医が、痛みや辛さを見せない動物に対して、生命を守るためにどんな工夫をしているかを考えさせ、生命を大切にしていることを学んだ。

　一方、「食に関する指導」においては、元気な体をつくるために栄養バランスよく食べることを学んだが、給食の実態は苦手な味のものや野菜などを極端に減らす児童が依然として見られる。この一例からも、一生懸命生きるという気持ちが実感を伴って育っているとは言えない。

　これらの児童の学びから、生命には限りがあるからこそ、生命を大切にしなければならないという心情を身に付けてきたが、その大切な生命を育み続けるためには何が必要か、どう生きていくかを考えさせることが必要であり、一生懸命生きるという気持ちをさらに育てていきたい。

(3) 教材への思い

　生命を大切にして生き続けることについて、何が必要か、どう生きていくかを考えさせるために、きつねの言葉を聞いた主人公ライナの思いを考えさせたい。本学級の児童に対して「生命を大切にして生き続けるために必要なこと」や「どう生きていくかについて考える」という視点から教材を活用していく。

　そこで、食べられなければ生きていけないという状況に出合ったとき、どう思うか考えさせたい。食べることは、ときに他の生命をいただくことでもあるということを、自分との関わりで考えさせたい。

4　考え、議論する指導の工夫

(1) どんな気持ちで生きていこうとライナに言いたいかをペアで話し合わせる

　役割演技を取り入れ、食べられなければ生きていけないという状況に出合ったときの気持ち

を十分に考えさせた上で、どんな気持ちで生きていきたいかを話し合う。また、自分事として児童に捉えさせるために、これまでの自分の経験や、みみずくのおじさんの話から考えたことも照らし合わせながら、どんな気持ちで生きていきたいかをペアで語り合う。その気持ちを出し合うことで、多様な考え方を交流し合い、自分の考えをより明確にさせていく。

役割演技を通して、児童に考えさせる　　　　どんな気持ちで生きていくかを話し合う

(2) これまでの自分のことやこれからの自分がどんな気持ちで生きていきたいかを考え、道徳ノート「ねむの木ワークシート」に記述させる

　　自己の生き方についての考えを深めさせるために、これまでの自分がどんな気持ちで生きてきたか、これまでの自分に足りなかったことやこれからの自分に必要なことを考えさせる。友達の考えを聞き合うことで、一生懸命生きる気持ちにも、多様な考え方があることを理解し合い、一人一人が自己の生き方について深く考えたことを確かめ合う。

「ねむの木ワークシート」に自分の考えを書く　　友達の考えを聞き、多面的、多角的なものの見方にふれる

5　学習指導過程

　展開の大要

	学習活動と主な発問　予想される児童の反応	指導上の留意点
気付く	1　生きるために何をしているかを出し合い、どんな気持ちで生きているか考える。 　・食べる。排泄する。運動する。寝る。 　・元気な気持ち、楽しい気持ち 　　　どんな気持ちで生きていきたいかを考えよう。	・生き続けるために、どんな気持ちをもつことが大切か、考えていくことを知らせる。
深める つかむ	2　教材を通して、自分との関わりで、生き続けるために何が必要か、どう生きていくかを話し合う。 ①きつねの言葉を聞いたライナは、どんなことを考えただろう。 　・きつねも食べなければ生命をなくすから、生きていくためには、やっぱり捕まえて食べなければならない。 　・子うさぎはかわいそうだし、きつねも食べなければ生きていけないし、難しい。 　・きつねは自分で捕まえて食べなければならないけれど、わたしたち人間も肉を食べて生きている。 ❷どんな気持ちで生きていこうとライナに言いたいかを考えよう。 　・食べたもののぶんまで一生懸命生きていこう。 　・食べ物に感謝して一生懸命生きていこう。 　・食べたもののぶんまでたくましく生きていこう。	・「生き続けるために必要なこと」や「どう生きていくかについて考える」という視点から教材を活用する。 ・食べられなければ生きていけないという状況に出合ったときの気持ちを考えさせるために、役割演技を取り入れる。 ・子うさぎへの思いが強い考えなど、多面的・多角的な考えを引き出したい。 ・自分との関わりで考えさせるために、自分たちの食生活も想起させる。 ・さらに考えを深めさせるために、これまでの自分の経験や、みみずくのおじさんの話から考えたことも合わせながら、どんな気持ちで生きていこうと言いたいかをペアで語らせる。 ・考えを出し合うことで、自分の考え方をより明確にさせていく。
広げる	3　道徳的価値の理解を基に自己を見つめる。 ○これまでは、命のもとになる食べ物のことも考えて一生懸命生きてきましたか。 　・ぼくは、ただ肉や魚を食べていたので、これからは、食べたもののぶんまで一生懸命生きていきたい。 　・わたしは、作ってくれた人には感謝して食べていたけれど、食べ物にも感謝して、一生懸命生きていきたい。 　・ぼくは、苦手なものを残して食べ物を無駄にしていたから、これからは、少しずつでも食べられるようになって、元気な体をつくる気持ちで生きていきたい。	・自己の生き方についての考えを深めさせるために、これまでの自分に足りなかったことやこれからの自分に必要なことを「ねむの木ワークシート」に記述させる。 ・友達の考えを聞き合うことで、一生懸命生きる気持ちにも、多様な考え方があることを理解し合い、一人一人が自己の生き方について深く考えたことを評価する。
まとめる	4　今日の学習で学んだことを振り返り、一生懸命生きて成長したゆきひょうの写真映像を見る。 ○ライナの成長を見てみましょう。	・板書をもとに、ねらいとする道徳的価値を視点に自己を見つめることができたことを共有する。

・獲物の生命のぶんまで一生懸命生きてたくましく成長したゆきひょうの写真映像を紹介し、一生懸命生きることへの思いをふくらませる。

たくましく成長したゆきひょうの
写真映像を紹介

〈板書〉

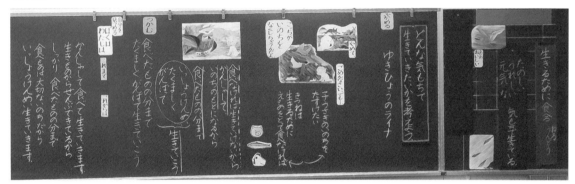

6 授業の概要

(1) どんな気持ちで生きていこうとライナに言いたいかをペアで話し合わせる場面

> T1：どうしてライナは、悲しくなったのでしょう。みんながライナの役になって、考えてみましょう。（ライナ役：C1、きつね役：授業者）

C1：悪いことをしたと思って悲しくなったと思います。

C2：きつねが食べられなくなったからです。

C3：子うさぎが食べられるとかわいそうだからです。

C4：子うさぎの命がなくなっちゃうからです。

C5：ぼくも同じで、子うさぎの命がなくなってしまうからです。

C6：わたしは、つけ足して、小さい子うさぎたちが命をなくしてしまうからです。

> T2：子うさぎを助けたから、ライナは悲しくならなくていいんじゃないですか。どうして悲しくなったのですか。

C7：きつねに怒られたからです。

C8：うさぎを逃がしたからです。

C9：きつねだって、食べられないと命をなくしちゃうからです。

- 子うさぎの　いのちをたすけたい
- きつねは、生きるために　えものを食べなければ

> T3：ライナは、とっても悩んで、悲しい気持ちで生きているんですね。でも、みみずく
> のおじいさんの話を聞いて、どんな気持ちで生きていこうと思ったかな、ペアで話
> 合いましょう。

（ペアでの話合い）

> T4：話し合ったこと教えてください。

C10：食べた生き物に感謝して、生きる。

C11：たくさん食べてきて、食べたものは命のもとになっているから、食べたものに感謝して
　　　たくましく生きていこう。（うなずく児童が多い。同じとつぶやく児童も。）

C12：食べ物がないと生きていけないから、その食べ物のぶんも頑張って生きていこう。

- 食べなければ生きていけないから。命のもとになるから。
- 感謝して。
- 食べたもののぶんまで、一生懸命、たくましく、がんばって、生きていこう。

(2)　これまでの自分のことを振り返ってどんな気持ちで生きていきたいかを考え、道徳ノート
　　　「ねむの木ワークシート」に記述させる場面

> T5：自分を見つめる時間です。ぼくは、わたしは、これまでどうだったでしょう。これ
> からは、どんな気持ちで生きていきたいと思いますか。書いていきましょう。

> T6：発表してください。

C13：ぼくは、魚やお肉を感謝して食べています。生き物からできているからです。

C14：ぼくは、授業中ぐたあとなるので、これからは、食べたもののぶんまでしっかり生きた
　　　いです。

C15：わたしは、この話を聞いて、わたしたちが食べているのは、大切な命だと思い出しまし
　　　た。保育園でお昼ご飯を食べている時に聞いた「いただきます」のお話のことがわかり
　　　ました。「命をいただきます」という意味でした。とても大切なことです。だから一生
　　　懸命生きていきます。

- 感謝して食べて生きていきます。
- 生き物から全部できているから。
- しっかり食べたもののぶんまで。

「これまでの自分」を教室掲示も活用して想起させる

・食べ物は、大切な命だから。

・一生懸命生きていきます。

7　考察

(1) 主体的に自分との関わりで考える授業について

　本時では、自分との関わりでねらいとする道徳的価値を考えるために、導入の「気付く」段階で、「生きるために何をしているか、どんな気もちで生きているか」と発問し、今の自分たちの現状や心の状況を確かめた。その上で、生き続けるためにはどんな気持ちをもつことが大切かについて考えていくという学習課題を授業者から提示した。

　展開の「ふかめる」「つかむ」段階では、「生き続けるために必要なこと」や「どう生きていくかについて考える」という視点から教材を活用し、主人公のゆきひょうのライナが、食べられなければ生きていけないという状況に出合ったときの気持ちを考えさせることを通して、ねらいとする道徳的価値に関わる自分の考え方をより明確にさせることができた。

　ライナが置かれた状況を自分事として捉えさせるために、役割演技を取り入れ、自分たちの食生活経験も想起させた。さらに、ペアで語り合わせたことにより、悲しみ悩むライナに言ってあげたいことをお互いに話したり聞いたりして、自分の考えを表出することができた。児童が、「たくさん食べてきて、食べたものは命のもとになっているから、食べたものに感謝してたくましく生きていこう」「食べ物がないと生きていけないから、その食べ物のぶんも頑張って生きていこう」と、自分の経験も合わせて考えることができた。

　自己を見つめる「ひろげる」段階では、一人一人が、これまでの自分を見つめ、ねらいとする道徳的価値に対するこれからの自分の思いを「ねむの木ワークシート」に書くことができ、考えを交流することができた。

(2) 多様な考え方、感じ方と出合い交流する授業について

　自己を見つめる「ひろげる」段階において、「ぼくは、わたしは、これまでどうだったでしょう。これからは、どんな気持ちで生きていきたいと思いますか」という発問に対し、魚や肉

という生き物からいただく食べ物への感謝、自分の生活態度を見つめてこれからは食べたもののぶんまでしっかり生きたいこと、「いただきます」という意味を改めて考えたことなどを児童は発表した。これまでも、自分の考えを書いたり発表したりして交流することを、児童は楽しく感じている。自分の考えと比べて聞き、思いもしない考え方や感じ方に出合い、感嘆の声が漏れるときもある。これらのことから、ねらいとする道徳的価値を多面的・多角的に捉え、自己の生き方についての考えを広げることができたと考える。

　毎時間自分を見つめる時間を十分に取り、「ねむの木ワークシート」に考えを書く活動を継続してきたこと、また、考える視点を学習課題として提示し、考える場面を重点的に取り上げて展開してきたことが、児童の自己を見つめ考える力を育てるのに有効であり、多様な考え方・感じ方と出合い交流する授業が実現できると考える。　　　　　　　　　　　　　　（工藤田鶴）

(3)　第3学年

1　主題名　くじけない心（A　希望と勇気　努力と強い意志）

2　ねらいと教材名

　◇ねらい　自分で立てた目標に向かって、最後まで粘り強くやり遂げようとする心情を育てる。

　◎教材名　「心にきめて―田中館愛橘」（『みんなのどうとく　3年』学研　岩手県版）

3　主題設定の理由

(1)　ねらいとする道徳的価値

(2)　第3学年及び第4学年の内容の「A　希望と勇気　努力と強い意志」は「自分でやろうと決めた目標に向かって、強い意志をもち、粘り強くやり抜くこと」とある。これは、自分の目標をもって、勤勉に、くじけず努力し、自分を向上させることである。この内容項目は、次のように発展していく

低学年	中学年	高学年	中学校
自分のやるべき勉強や仕事をしっかりと行うこと	自分でやろうと決めた目標に向かって、強い意志をもち、粘り強くやり抜くこと	より高い目標を立て、希望と勇気をもち、困難があってもくじけずに努力して物事をやり抜くこと	より高い目標を設定し、その達成を目指し、希望と勇気をもち、困難や失敗を乗り越えて着実にやり遂げること

　児童が一人の人間として自立しよりよく生きていくためには、常に自分自身を高めていこうとする意欲をもつことが大切である。そのためには、児童がより高い目標をもってその達成に向けて困難やつらさを乗り越え、粘り強く努力するとともに、やるべきことはしっかりとやり抜こうとする強い意志が求められる。そこで、自分でやろうと決めたことは、時間がかかっても最後まで粘り強くやり遂げることが大切であるということを考えさせていきたい。

(3)　児童の実態

　本学級の児童は、「チャレンジ」を学級目標として、初めてのことや苦手とすることにもど

んどんチャレンジすることを意識して生活してきた。そして、1学期の道徳の時間「一りん車にのれた」の学習を通して、自分でやろうと決めたことは、最後までやり抜くことの大切さについて考えることができた。さらに、「第1回誕生集会」への取組では「誕生者に喜んでもらえるような手作りペンダントを作ろう」という目標を立て、みごとに目標を達成することができた。マラソン大会へ向けての取組では、一人一人が昨年の記録を基に目標を立て、業間マラソンに精一杯取り組み、マラソン大会当日では、それぞれの目標を達成しようと最後まで諦めずに走り切ることができた。さらに、連合音楽会へ向けての取組では、目標の達成に向けて、上級生と練習を重ね、努力することができるようにしていく。しかし一方で、長期にわたる目標に対しては、自分の思いや気持ちを優先して努力を怠ったり、時間の経過に伴い、意識が薄れていったりと粘り強く目標達成に向けて取り組めない児童が多い。

　このことから、苦しくて途中で諦めてしまう人間の弱さについて考えを深めるとともに、自分に適した明確な目標を立て、強い意志をもち、粘り強くやり抜くことの大切さについて考えさせていきたい。また、目標を実現するためには、自分を支えてくれる、周りの励ましや賞賛があることにも気付かせ、それを糧として、自分自身を奮い立たせることもできるということにもふれていきたい。

(4) 教材への思い

　本教材は、岩手県二戸市出身の田中館愛橘が、出身地を離れ、盛岡や東京で学問に励み、不安や苦しみを感じながらも、初期の目標を常に見失わずに努力することで、自分の目標を達成していくという教材である。

　児童は、国語科において「ローマ字」を学習し、田中館愛橘が、日本語の音韻体系を重んじたつづり方の「日本式」を考案していることや、総合的な学習の時間における「先人教育」の学習から、岩手県の先人であることを学習している。主人公が出合った学問の難しさや勉強の苦しさを自分のこととして考えつつ、そのようなときに諦めたくなる人間の弱さについて考えさせるようにしたい。そして、困難を乗り越えたことのすばらしさを実感させることにより、今後自分ができることを考えさせていきたい。

4　考え、議論する指導の工夫

(1) 新しいことにチャレンジするときの気持ちを、「心のバロメーター」で表現させ、話し合わせる

　主人公に自我関与して、その迷いや葛藤について自分が同じ立場だったらどんな気持ちになるだろうかと問い、赤色（頑張れる）と、青色（頑張れない）の「心のバロメーター」を用いて考える。青色の気持ちをもつのはなぜなのか考えさせることで、人間の心の弱さを発表させ人間理解を深める。

自分だったらどうか「心のバロメーター」で表現する

主人公が乗り越えた原動力を捉えさせる

(2) 決めたことを最後までやりぬく「ひけつ」を、道徳ノート「ねむの木ノート」に記述させる

　主人公の生き方から、自分が決めたことを最後までやりぬく「ひけつ」は何かを考えさせる。考えたことを、隣同士のペアで話し合わせ、その後、学級全体で交流することによって、多様な考えがあることに気付かせたり、自分の考えた秘けつを深めさせたりする。

「ねむの木ノート」に自分の考えを書く

自分の考えを、隣同士で交流する

5　学習指導過程

　展開の大要

	学習活動と主な発問　予想される児童の反応	指導上の留意点
気付く	1　主人公についてのアンケート結果を聞き、本時の学習に対しての意欲を高める。 ・一生懸命勉強した人。 ・ローマ字を広めた人。 ・有名な物理学者。	・事前アンケートを活用し、困難やつらさがあっても、自分の立てた目標を達成した主人公の生き方を自分との関わりで捉え、本時の課題である「決めたことを最後までやりぬくひ

	決めたことを最後までやり抜くひけつを考えよう。	けつ」という言葉に焦点を当てる。
深める	2　教材を通して自分との関わりで、目標に向かって努力することについて話し合い、道徳的価値の理解を図る。 ①盛岡で夜遅くまで勉強する愛橘は、どんな気持ちだったのでしょう。 　・東京に行って、勉強したい。 　・たくさんのことを知りたい。 　・みんなに負けないぞ。	・学ぶことに意欲的であった主人公が、強い意志をもって目標を立てたことを、自分との関わりで捉えさせるために、主人公の言葉に着目させたり、心情を想像させたりして、発表させる。
つかむ	②東京に出て、新しいことばかり勉強する愛橘は、どんな気持ちだったのでしょう。 　・みんなについていけるか心配だな。 　・なんだか不安になってきたな。 　・ここで頑張らなければ。 　・父が励ましてくれたから頑張ろう。 　・自分で勉強したいと言い出したんだ。頑張ろう。	・新しいことに挑戦するときの迷いや葛藤を考えさせ、自分との関わりで捉えさせるために、赤色（頑張れる）と、青色（頑張れない）の「心のバロメーター」を活用し、心情を表現させる。 ・「心のバロメーター」の表出の様子から、人間の葛藤する心の動きがわかるようにするために、人間の弱さが表れている児童と、強い気持ちが表れている児童を交互に意図的に指名していく。 ・周りの人の支えや励ましがあることを捉えるために、父の言葉を板書する。
	❸苦しさを乗り越えた物理学者愛橘はどんな気持ちだったのでしょう。 　・一生懸命頑張ってきてよかった。 　・努力すれば夢はかなう。 　・つらい気持ちにもなったけど、頑張り続けてきてよかった。	・苦しさを乗り越えた主人公の心情について、自分の考えを深めるために、隣同士のペアで話し合わせる。
広げる	3　道徳的価値の理解を基に自己を見つめる。 〇今までの自分を振り返って、決めたことを最後までやり抜く秘けつを考え、「ねむの木ワークシート」に書こう。 　・目標を書いて、見えるところに貼る。 　・「やるぞ！」という強い気持ちをもつ。 　・うまくいかないことがあっても、諦めない。	・決めたことを最後までやり」抜く秘けつを、自分のこととして考えさせるために、「ねむの木ワークシート」に記述させる。 ・多様な秘けつがあることに気付かせるために、隣同士ペアで交流する。 ・多様な秘けつがあることに気付き、自分の秘けつをさらに広げるために、学級全体で話し合う。

ま と め る	4 目標に向かって頑張っていることについて、「ねむの木ノート」の児童作文を聞く。 ・業間マラソンで諦めないで精一杯走ったから、本番でも最後まで頑張れた。 ・感謝集会での歌声をさらにレベルアップさせて、連合音楽会ではきれいな歌声を響かせられるように頑張りたい。	・自分も、目標に向かって努力してきたということを捉えさせるために、校内の諸行事のたびに書いた児童の作文を紹介する。

〈板書〉

6 授業の概要

(1) 愛橘の気持ちを「心のバロメーター」で表現させる場面

> T1：では、自分が新しいことにチャレンジするとしたら、頑張れるか、頑張れないか、自分の気持ちを心のバロメーターで表してみましょう。

> T2：では、青い気持ちだけが挙がっているS君教えてください。

C1：寒いのは苦手だし、寒いから今は休憩してもいいかな。

> T3：青い気持ちが挙がっているけど、赤い気持ちも少し挙がっているMさん、教えてください。

C2：冬に冷たい水は嫌だけど、少しは頑張ろうかな。

> T4：似た気持ちのMさん、教えてください。

C3：寒いし、冷たいのは苦手だし、勉強は夏にもできるから、そのときに頑張ればいい。

板書

・冬は寒いし、ちょっと休みたい。

・あとでもできる。

> T5：では、逆に赤い気持ちだけが挙がっているZ君教えてください。

C4：寒いけど、いろいろなことを知りたいから、頑張ろう。

T6：同じく赤い気持ちだけのK君教えてください。

C5：いろいろなことを知るために東京へ来たから頑張る。

T7：同じく赤い気持ちだけのY君教えてください。

C6：頑張れば、難しかったこともわかるようになるかもしれないから、頑張る。

板書

・勉強したくて東京へ来たんだ。

・がんばれば、むずかしいこともわかるかもしれない。

(2) ねらいとする道徳的価値について自分の考えを道徳ノートに記述させる場面

T7：それでは、課題に戻りますよ。

T8：今日は「決めたことを最後までやり抜くこと」を考えてきましたが、みんなは2学期の始めに目標を立てましたね。その目標も含めて、今までの自分を振り返って、自分が決めた目標を最後までやり抜くために大切にしたいことを「ねむの木ワークシート」に書いていきましょう。

（ノート記述）

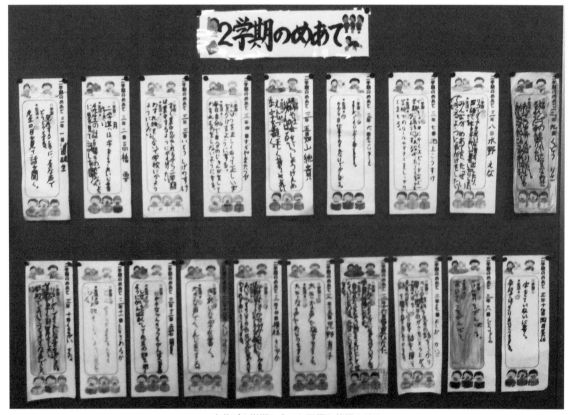

自分が2学期に立てた目標を想起させる

T9：では、隣同士発表し合いましょう。書いていなくても、友達の考えを聞いて、「そういう考え方もあるのか」と思いながら話合いましょう。

（話合い）

T10：では、発表してください。

T11：Mさん教えてください。

C7：何事も諦めず、決めたことを最後までやり抜く勇気。
板書
・勇気

T12：K君教えてください。

C8：決めたからには、守りたいという強い気持ち。

T13：似ている人いますか。Rさん教えてください。

C9：自分で決めたからには、きちんとやらなくちゃという気持ち。
板書
・強い気持ち

T13：T君教えてください。

C10：努力をして最後まで、やり通すこと。
板書
・努力

7　考察
(1) 主体的に自分との関わりで考える授業について

　児童は、ねらいとする道徳的価値を自分との関わりの中で捉えることにより、自己理解を深めていく。そして、今の自分の考え方、感じ方を知ることで、ねらいとする道徳的価値に関わる自分の思いを深めていくことができる。

　本時では、主人公についての事前アンケートを活用したことによって、困難やつらさがあっても、自分の立てた目標の達成に向けて、努力し続けた主人公の生き方を自分の関わりで捉えることができたと考える。その上に立ち、自分で決めたことを最後までやりぬくために今自分ができる方法について考えさせる学習まで進めることができた。

　また、1つめの発問の「盛岡で夜遅くまで勉強する愛橘は、どんな気持ちだったのでしょう」によって、当時の状況を想像し、意欲的に学ぶ支えとしていた強い意志について考えるこ

とができた。さらに、２つめの発問の「東京に出て、新しいことばかり勉強する愛橘は、どんな気持ちだったのでしょう」によって、新しいチャレンジをするときの思いを自分との関わりで考えることができた。そのために「心のバロメーター」という方法を用い、自分事として考えたことを視覚的に表出させることによって自分の心を見つめさせ、人間としての弱さ、自分が決めた目標に向けて、強い気持ちをもつことの大切さについて考えさせることができたのではないかと思う。さらに、一人一人の葛藤について話合いを深めることができれば、さらにねらいとする道徳的価値の理解を深めることができたのではないかと考える。

(2) 多様な考え方、感じ方と出合い交流する授業について

展開の後段において、決めたことを最後までやり抜くことを道徳ノート「ねむの木ノート」に記述させることで、道徳的価値を基に自己を見つめることができたのではないかと考える。その後、自分の考えをペアで交流し、学級全体に広げる中で、自分で決めたからには最後までやり抜こうとする強い意志や、最後までやり抜くために努力をすることの大切さを発表していた。これは、ねらいとする道徳的価値の理解が深まり、自己の生き方について反映させていこうとする強い意識の表れであると考える。

ペアで交流した後、全体で考えを発表する

(今松尚志)

⑷ 第４学年

1 主題名 受け継がれる生命（D 生命の尊さ）

2 ねらいと教材名

　◇ねらい 受け継がれる生命の尊さについて考え、生命あるものを大切にする心情を育てる。

　◎教材名 「バルバオの木」（『ゆたかな心で どうとく ４年』東京書籍）

3 主題設定の理由

(1) ねらいとする道徳的価値

第３学年及び第４学年の内容の「D 生命の尊さ」は、「生命の尊さを知り、生命あるものを大切にすること」とある。これは、生命あるすべてのものをかけがえのないものとして尊重

し、大切にすることである。この内容項目は、次のように発展していく。

低学年	中学年	高学年	中学校
生きることのすばらしさを知り、生命を大切にすること	生命の尊さを知り、生命あるものを大切にすること	生命が多くの生命のつながりの中にあるかけがえのないものであることを理解し、生命を尊重すること	生命の尊さについて、その連続性や有限性なども含めて理解し、かけがえのない生命を尊重すること

　生命の尊さは幾度となく強調されなければならないと考える。それは、失われたら二度と戻らない、かけがえのない生命の重みを十分に感得させなければならないからである。そのためには、生命は自分一人だけのものではなく、連綿と受け継がれてきたものであることや、自然の中で支えられ、育まれてきたものであることに具体的に気付かせることが大事である。

　そこで、自分の生活を支える身のまわりの人たちの思いや行動などについて考えさせ、いかに自分の生命は守り育まれてきたのかということに気付かせたい。また、何があっても自分に対して見返りを求めない無償の愛を注いでくれる親の思いについても考えさせ、自分の命の大切さにも気付かせたい。さらに、今の自分の命はこれから自身の子や孫にまで受け継がれていくものであるとにも気付かせていきたい。

　これらのことを通して、生命の大切さはもとより、支えられ、受け継いだ自分の生命について改めて考えさせ、自他の生命を大切にしようとする児童に育てたいと考える。

(2) 児童の実態

　児童は、進級した教室の中の水槽で泳ぐ2匹の金魚に興味を示し、すぐに金魚に名前をつけて、餌をやったり水槽の掃除や水替えをしたりし始めた。暖かくなった5月には、ヘチマの種をまいて発芽の様子を観察しようとしたが、発芽せず、やむを得ずキュウリの苗を植えて成長の様子を観察してきた。6月には道徳の時間に「わたしの見つけた小さな幸せ」（出典　東京書籍）で、普段当たり前に生活していることのすばらしさを感じる主人公に共感しつつ、自分にとっての小さな幸せとは何かを考えてきた。また、消防署への社会科見学での人命救助の話や理科の植物の観察を通して、生命の大切さについて学んできた。しかし、実感を伴って生命の尊さを捉えるまでには至っていないのが現状である。

　そのような中で、理科の学習で、ヘチマの代わりにキュウリを育て、立派に育った実を収穫してみんなで食べると、「美味しい」との声が広がった。これは、児童にとって身近な「食」を通して他の生命の支えなしには生きられない事実を知る学習の契機となった。そして、植物や動物の越冬の仕方の学習を通して、連綿と受け継がれる生命の尊さを学んできた。

　これらのことから、自分の生命は自分だけのものではなく、親や家族、地域の人々のさまざまな思いや願い、他の動植物の生命そのものが支えていることについて考えを深め、他の生命に支えられ、生命が受け継がれていくことに気付かせる指導が必要であると考えた。そして、受け継がれた尊い生命と自分の生き方をつなげて考えさせ、かけがえのない自他の生命を大切に守り育てていこうとする態度を育んでいきたいと考える。

（3）教材への思い

　本教材は、樹齢何十万年のバルバオという大木が、飢えに苦しむ鳥やシカ、ゾウたちに食べられるため実や葉、最後は自分自身の幹を投げ出し、動物たちの危機を救う。敬けんな心にも通じる感動的な話である。

　そこで、児童の心に残った場面の感動を大切にしながら、ねらいとする道徳的価値への方向付けを行い、学習課題の設定へとつないでいく。また、危機的状況から救われる鳥やシカ、ゾウの心情を自分との関わりで考える学習活動を通して、バルバオの木の自己犠牲や無償の愛は、自分自身の親の愛と通ずるものであることを捉えさせたい。さらに自分たちの命も他の生き物の命によって支えられていることや、親から子へと受け継がれてきたかけがえのないものであることを考えさせ、生命あるものを大切にする心情を育んでいきたい。

4　考え、議論する指導の工夫

（1）登場人物の心情を自分事として捉えさせてバルバオの木に対する思いを考えさせる

　食べ物が全くない、もう死ぬしかない状況でやってくる鳥やシカ、ゾウの心情を自分事として考えさせるために、登場人物である鳥やシカへ自我関与することでり、バルバオの木に対する思いを考えさせるようにする。

鳥になってバルバオの木に対する思いを自分事として考える

シカになってバルバオの木に対する思いを自分事として捉える

「ねむの木ノート」に自分の考えを書く

課題を意識し、自己の生活を振り返りながら考えを書く

(2)「バルバオの木が私たちに伝えたかったこと」について考え、道徳ノート「ねむの木ノート」）に記述させる

　自分の体を提供することで生命を次世代へつなげていこうとするバルバオの木の心情について考えさせるために、「ねむの木ノート」に記述させる。記述することで、課題についての自分の考えを整理し、自己の生活を振り返り、これからの生き方について考えを深めさせることができる。

5　学習指導過程
展開の大要

	学習活動と主な発問　予想される児童の反応	指導上の留意点
気付く	1．食について話し合う。 ○あなたは、お腹がすいて大変な思いをしたことはありませんか。 ・ありません。 ・お母さんの帰りが遅くなって晩ご飯が食べられなかった時に、お腹がすいて大変でした。	・児童の発表を通して、ねらいとする道徳的価値への方向付けをするために、事前に質問紙で調査しておいた結果を提示する。
深める つかむ	2．教材を読んで、生命の尊さについて自分との関わりで考える。 ○どんな場面が心に残りましたか。 ・バルバオの木が花を咲かせ、花がたちまち実になったところが不思議でした。 ・バルバオの木が地響きを立てながら倒れたところです。 ・バルバオの木がゾウのために、自分の体を犠牲にしたところです。 ＿＿受け継がれる命について考えよう。＿＿ ①バルバオの木の実を食べながら、鳥はどんなことを思ったでしょう。 ・助かった。これで生きることができる。 ・バルバオの木はなんてやさしいんだろう。 ・頑張って北の空へ飛んでいくぞ。 ②バルバオの木の葉を食べながら、シカたちはどんなことを思ったでしょう。 ・頑張って北へ歩いていくぞ。 ③バルバオの木の幹や枝を食べながら、ゾウたちはどんなことを思ったでしょう。 ・バルバオの木に命をもらったんだ。 ・これで何とか生きのびることができるぞ。 ・バルバオの木のためにも、頑張って生きるぞ。	・主体的に考える意欲を高めるために心に残ったことを発表し、受け継がれる命について考えることが本時の学習課題であることを確認する。 ・生きることの喜びやバルバオの木に対する思いを自分との関わりで考えさせるために、鳥やシカの役割演技を行い、生きることについての思いを表出させる。 ・他の命を食べることで生命が受け継がれていくのだということを自分との関わりで考えさせるために、ゾウたちの心情を考えさせ、生かされることへの感謝の気持ちについても考えさせる。

広げる	3．今日の学習で学んだことを生かし、「受け継がれる命」について考える。 ④今までの自分を振り返って、受け継がれる命について考えてみましょう。 ・自分の身を削って他の生き物の命を救うことの尊さ。 ・自分のことより他の生き物のことを考えることの大切さ。 ・自分たちの命は他の生き物の命に支えられていること。	・教材を通して自分との関わりで考えた命を視点に、自己の生活を振り返り、これからの生き方について考えを深めさせる。 ・課題についての自分の考えを整理するために「ねむの木ノート」に、自分の考えや思いを書き、交流する。
まとめる	4．今日の学習で学んだことを振り返りながら「受け継がれる生命」について考える。 ・保護者からの手紙を読む。	・生きていることのすばらしさについて考えるために、ゲストティーチャーに手紙を読んでいただく。

〈板書〉

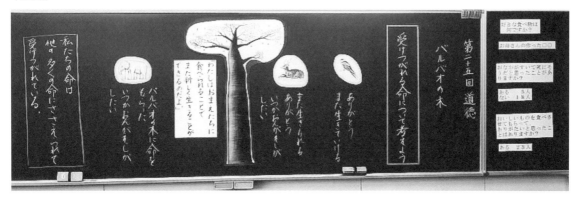

6　授業の概要

(1)　鳥やシカ、ゾウになってバルバオの木に対する思いを考える場面

> T1：それでは、みなさん鳥になってください。鳥になって考えてください。
> 　　バルバオの木の実を食べながら、あなたは、どう思いましたか。

C1：バルバオの木があったおかげで僕たちはまた生きていけるのだと思いました。

C2：どうして自分のことより僕たちのことを考えてくれたんだろう。

C3：ありがとう。

板書

・ありがとう。

・また生きていける。

> T2：では、シカになってください。あなたは、バルバオの木の葉を食べながら、どう思いましたか。

C4：シカは、バルバオの木が助けてくれて助かった。

C5：助かったし、ありがとう。

C6：死にそうだった時に木の葉を食べさせてくれてありがとう。

C7：死にそうだったのに、助けてくれたから、いつか恩返しをしてあげたい。

C8：私たちは助けてもらってありがたいけど、ちょっと悪いことしちゃったな。

C9：バルバオの木のおかげでまた生きられる。

板書

・また生きていける。

・ありがとう。

・いつか恩返しがしたい。

T3：では、今度はゾウになってください。

　　今まで、鳥、シカときましたが、ここで初めてバルバオの木が言いましたよね。

　　「わたしは、お前たちに食べられることで、また新しく生きることができるのだよ。」

　　さあ、みなさんはゾウですよ。

　　あなたは、バルバオの木の幹を食べながら、どう思いましたか。

C10：私たちのために自分を亡くしてまで他の人を助けようとして、それを「また新しく生き
　　ることができるんだよって」いい方向に言ってくれて助かったな。

C11：ありがとう。

C12：バルバオの木からもらった命をこれからも大切にしていかなくては。

C13：助けてくれたバルバオの木のぶんも僕は生きて、恩返しできるといいな。

C14：バルバオの木から命をもらったから、また、僕もバルバオの木みたいに誰かを助けられ
るようなことをしたい。

C15：自分を犠牲にしてまで私たちを助けてくれて、申し訳ない。

C16：バルバオの木がいろんな命を救ったので、ありがたい。

板書

・バルバオの木に命をもらった。

・いつかおんがえしがしたい。

(2) 「受け継がれる命」について考え、道徳ノートに記述させる場面

T4：今日は「バルボアの木」の学習ではなく，生命の尊さについての学習です。ここで
　　みんなに考えてほしいのは、受け継がれる命とは何だろうということです。では、
　　今までの自分を振り返って「ねむの木ノート」に書いてみましょう。

（ノート記述）

T5：では、発表しましょう。

C17：命は次の命へ、また次の命へと受け継がれていき、自分が生きていくことによって次の

命へとつなげていけるということだと思いました。

C18：自分のことだけじゃなくて人のことも心配して、いろいろな人も助けていくことが大切だということを伝えたかったと思います。わけは、「私は、お前たちに食べられることでまた新しく生きることができるんだよ」と言って受け継がれる命について教えてくれたからです。

C19：命は他の多くの命に支えられて受け継がれているので、大切にして今度は自分が他の命を助けていくということを伝えたかったと思います。

C20：「自分の命もたくさんの命によって受け継がれている。だから、そのたくさんの命の分まで大切に生きることが大事だと思います。

C21：私は、1つめは、自分のことより他の人のことを助けることです。わけは、まだ生きていけるのに自分のことを死なせてまで人のことを生きられるようにしているからです。2つめは、前向きなところです。

板書
• 私たちの命は、他の多くの命に支えられて受け継がれている。

課題についての自分の考えを発表する

自己を振り返り、これからの生き方を発表する

7　考察
(1) 主体的に自分との関わりで考える授業について

　本時では、主体的に自分との関わりでねらいとする道徳的価値を捉えるために、食べ物が全くない、もう死ぬしかない状況でやってくる鳥やシカ、ゾウの心情を他人事として捉えさせないようにすることが大切である。しかし、児童にとってはこれらの心情を自分事として捉えることが難しいと考えた。鳥やシカ、ゾウの心情を捉えさせようとすればするほど教材の文面から心情を発表することになってしまう。そこで、読み聞かせ後に副読本を閉じ、登場人物ごとに想像力を働かせてその動物になって考えるよう

保護者が読む手紙に聞き入る

に言葉がけをした。そのことにより、自他の生命に対する思いを、自分の言葉として考え、発表することができた。

(2) 多様な考え方、感じ方と出合い交流する授業について

受け継がれる命について考えるために、道徳ノート「ねむの木ノート」に記述させ、発表させた。

その中には、「命は次の命へ、また次の命へと受け継がれていき、自分が生きていくことによって次の命へとつなげていけるということだと思う」「命は他の多くの命に支えられて受け継がれているので、大切にして今度は自分が他の命を助けていくということだ」「自分の命もたくさんの命によって受け継がれている。だから、そのたくさんの命のぶんまで大切に生きるんだよと伝えてくれている」といった、ねらいとする道徳的価値を理解した内容が発表された。

また、「受け継がれる命を考えるときは、自分のことだけじゃなくて人のことも心配していろいろな人も助けていくことが大切だということに気付きました」という発表があった。

(小林　隆)

(5)　第5学年

1　主題名　公共物を大切に　（C　規則の尊重）

2　ねらいと教材名

◇ねらい　一人一人が良心に基づきモラルをもって行動することが必要であることを理解し、よりよい社会をつくろうとする心情を育てる。

◎教材名　「まいごのカナリア号」（『みんなのどうとく　5年』学研）

3　主題設定の理由

(1) ねらいとする道徳的価値

第5学年及び第6学年の内容の「C　規則の尊重」は、「法やきまりの意義を理解した上で進んでそれらを守り、自他の権利を大切にし、義務を果たすこと」とある。これは、よりよい社会に生きる権利とよりよい社会を作る義務があることを知った上で、ルールを守りマナーに心がけて実行していくことである。この内容項目は、次のように発展していく。

低学年	中学年	高学年	中学校
約束やきまりを守り、みんなが使う物を大切にすること	約束や社会のきまりの意義を理解し、それらを守ること	法やきまりの意義を理解した上で進んでそれらを守り、自他の権利を大切にし、義務を果たすこと	法やきまりの意義を理解し、それらを進んで守るとともに、そのよりよい在り方について考え、自他の権利を大切にし、義務を果たして、規律ある安定した社会の実現に努めること

自分たちが社会生活をよりよいものにするためには、互いの権利を尊重し合い、自らの義務を進んで果たすことや公徳心をもって生活していくことが必要であると考える。そのために、自他に生じる規則を軽んじる弱い心を認めた上で、社会生活を送る中で必要である法やきまり

は人として守るべきものであり、それを踏まえて良心に基づいたモラルを遵守できるような意欲と態度を育てていくことが大切である。さらには、集団所属内において不都合なきまりがあれば改善していこうという積極的な生活の向上を目指す行動ができるようにする必要がある。

(2) 児童の実態

　1学期の道徳の時間「年老いた旅人」では、きまりにこめられた意味や思いを考えることを通して、自分たちが決めたきまりに誇りをもって生活することの大切さについて考えさせた。また、社会科における「自動車づくりにはげむ人々」では、自動車工場の敷地の工夫や作業の様子から、手順に沿った仕事の重要性や、部品一つ一つの役割と組み立てに細心の注意をはらう姿勢について考えさせた。

　さらに、学校行事における「区界グリーンキャンプ」の宿泊学習を通して、区界高原の植物を調べながら、それらを守るためのルールやマナーの大切さについて考えさせた。また、総合的な学習の時間の「われら、エネルギー探検隊」の学習においては、地球温暖化について調べながら、二酸化炭素削減のために自分たちができることを考え、生活チェックを通してよりよい生活を行うための学習を行った。

　このような学習により児童は、学校生活の中でよりよい生活を送るために、きまりやルール、特に代表委員会で話し合われた「正しい廊下歩行」や「あいさつ」について考え、全校の手として行動や呼びかけをすることが必要であるといった意識が高まった。しかし一方で、廊下歩行やあいさつについてのきまりやルールを守ろうと呼びかけをしながらも、時には自ら守れなかったという反省をするなど、規則を軽んじる自分の弱さを見せる児童もいる。さらに、きまりを守らせるためには厳しいルールを決めるべきだと考える児童もおり、何のためにきまりがあるのか、きまりの意味について見失いがちな児童もいる。このような児童に対して、自分たちが社会生活をよりよいものにするためには、互いの権利を尊重し合い、自らの義務を進んで果たすことや公徳心をもって考える心情や態度を育てることが必要であると考える。

(3) 教材への思い

　互いの権利を尊重し合い、自らの義務を進んで果たし、公徳心をもって考える心情や態度を育てるために、本教材「まいごのカナリア号」では、規則を軽んじる自分の心の弱さに負けることなく、他人の気持ちを思いやりながら、主体的に、自分のもつ良心に基づいてきまりを守っていくことが、社会生活をよりよくすることにつながることを考えさせたい。そして、地域の一員としての自覚を深めながら、進んで社会をよりよいものにし、まちを守ろうとするためにはどのようにしていったらよいか自分事として考えさせていきたい。さらに、あえて厳しいきまりを作らずとも、一人一人の良心を基にしながら、住みよいまち作りを進めていくことを考えさせていきたい。また、本学級は、「つなぐ」を学級目標に掲げ、高学年として学校生活を歩んできているので、これからの自分たちの生き方を問い、今後の学校生活や社会生活に結び付けていく教材として活用していきたい。

4　考え、議論する指導の工夫

(1)　新しい看板を見た昭夫の気持ちをグループで話し合わせる

　あえてきまりを作らずに人々のもつ良心に訴えようと、新しい看板を掲げて「カナリア」号の貸し出しを続けるお父さんの姿を見て感じた昭夫の気持ちを話し合わせる。黒板に記した「お父さんの思い」やお父さんが考えて作った新しい看板、キーホルダー、または鍵を受け取る様子を動作化させることによって、考えを深めさせた。友達の考えや感じ方にふれながら、より多様な見方に気付く交流になった。どうして昭夫の考えが変化していくのか、お父さんの強い思いを軸に考えさせるようにした。そして、自分ならどんな思いに変わっていくのかを発表させるようにした。

変わらないお父さんの思いを軸に捉えさせる

変化した昭夫の気持ちを話し合う

(2)　あえてきまりを作らないまちにしていくために、自分が心がけていくことは何かを考え、道徳ノートに記述させる

　自分たちで考えた課題「あえてきまりを作らないまちについて考えよう」に立ち返り、今の自分にできる心がけとは何か、自分事として考えさせる。また、これからの生き方について「まちの一員」として捉えさせる。自分の生き方から相手の生き方に、そしてそれが社会へとつながっていくことを意識させ、より広い視野をもつ必要性を理解させた。

「ねむの木ノート」に自分の考えを書く

今の自分にできる心がけについて発表する

5 学習指導過程

展開の大要

	学習活動と主な発問　予想される児童の反応	指導上の留意点
気付く	1　公共の場におけるマナーを守らない状況の写真を見て考える。 ○写真を見てどう思うか発表しよう。 ・汚くて行きたくないと感じる。 ・みんなきまりやマナーを守ってほしいと思う。 ・自分だけならいいやと思っているかもしれない。 ・きまりを守らなくてはいけない。	・自分たちの身近な課題として理解し、ねらいとする道徳的価値へ方向付けをするために、公共の場におけるきまりに対するイメージときまりの必要性を考えさせる写真を提示する。 （『私たちの道徳』の「考えよう、これからの社会とわたしたち」にある写真を利用した。）
深める	2　教材を読み、集団や社会との関わりで規則の尊重について話し合う。 ○教材を読んで心に残ったことを発表しましょう。 ・自転車がひどい状態で見つかって嫌な気持ちになった。 ・きまりなどを作ろうとしてもお父さんがあえて取り決めをしなかったのはどうしてか。 ・新しいカナリア号の看板を昭夫が見ている場面がいいと思った。 　あえてきまりを作らないまちについて考えよう。 ①汚れた自転車を見て昭夫は何を考えたでしょう。 ・ひどいことをする人がいるものだ。 ・どうせ人の物だと考えているにちがいない。 ・だめなことを平気でしている。	・道徳的価値への方向付けをするために、「社会」を「まち」と捉え、その様子を見る昭夫に焦点を当てることを確かめる。 ・主体的に考えようとする意識を高めさせるために、教材の感想を発表させる。 ・自他の規則を軽んじる心の弱さについて考えさせるために、実際に公共物を借りたときにどんな扱いをしがちになるか自分の体験と重ね合わせるように補助発問で促す。
つかむ	②きまりを作らずにカナリア号の貸し出しを続けたお父さんを昭夫はどう思ったでしょう。 ・また同じことが続くといやだな。 ・どうしていやな思いをしているのに続けるのだろう。 ・いけないことをすることを我慢してほしい。 ・自分のことばかりを考える社会には厳しくしていかなくていいのか。 ❸新しい看板を見て、昭夫はどんなことを考えたのでしょう。 ・どうかうまくいきますように。 ・お父さんの気持ちがまちの人に伝わってほしい。 ・自分もみんなの物を使うときは大事にしよう。 ・これがうまくいくといいまちになる。	・規則の尊重について多角的な見方を引き出すようにする。 ・友達の考えを聞きながら自分の考えを深めさせるためにグループで話し合う時間を設ける。 ・よりよいまちを作ろうとする意識をもって取り組み続ける思いを強調できるように板書する。

広げる	4　今までの自分自身を振り返り、規則の尊重について考える。 〇今までの自分の生活を振り返って、あえてきまりを作らないまちにするために心がけていくことについて考える。 ・面倒だと感じても、共に住む人のことを考えて行動すること。 ・やらされるのではなく、自分のもつ良心を大事にして同じ気持ちで行動をすること。	・自分の今までの行動やその時の気持ちを振り返らせるために、「ねむの木ノート」に自分の経験や心がけたいことを記述させる。
まとめる	5　教師の説話を聞く。 〇たくさんの人の思いが集まった詩を紹介する。 ・みんなで協力してよりよい明日を作り上げているのだ。 ・自分たちも同じ気持ちで、自分から進んでまちを守り、作っていきたい。	・良心を基に行動することの美しさやさわやかさを感じ取らせるために、よりよい明日を作ろうという気持ちが伝わる詩を紹介し、自分だけでなくたくさんの人たちがよりよいまちであることを願っていることを感じ取らせる。

〈板書〉

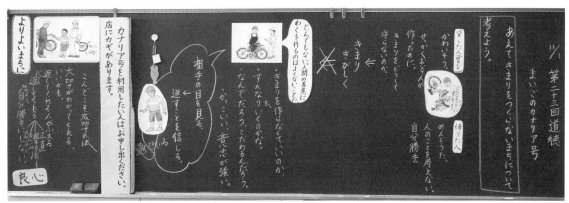

6　授業の概要

(1)　昭夫の気持ちをグループで話し合わせる場面

> T1：弘さんとお父さんはじっくり話し合って、新しい提案をしました。新しい看板が下げられていたのですね。（看板、カナリアのキーホルダー、鍵を黒板に貼る。）
> 　　（児童の目を見て、手を握りながら実際に鍵を受け取らせた。）どう感じましたか。

C1：いいと思いました。返さないとだめかなって思いました。返さないと（借りようと思っている）次の人が迷惑すると思うから。

T2：この看板を見た昭夫はどんなことを考えたでしょう。

C2：今度こそ、成功しますように。

C3：この自転車の大切さがわかってくれるかもしれない。

C4：これは、いいんじゃないか。前はわからなかったけど。

C5：きまりや常識を守ってくれるんじゃないか。

C6：これに気付いて返してくれる人がいるかもしれない。

C7：心で返してくれるのではないかなと思います。

板書
- 今度こそ成功すれば。 ・大切さをわかってくれる。
- いいかも。 ・返してくれる人がいるかも。
- 心で返してくれる。通じてきている。

T3：どんな心で返してほしいと思ったかな。

C8：正直な心。借りたものは返す。

C9：次に借りたい人のことを考える心です。

T4：次、その次…、どんどんつながっていって、次の人を考えるとは、どういうことでしょう。

C10：思いやりが増えていくということ。

C11：信頼だと思います。

板書
- 正直。 ・相手を考える。
- 思いやり。 ・信頼。

(2) 今までの生活を振り返って、よりよいまちにするために心がけていきたいことを道徳ノートに記述させる場面

T5：ここでいったん、お話は閉じます。みんなで考えたことを振り返ってみましょう。

T6：今までの自分の生活を振り返って、あえてきまりを作らないまちにしていくために、どんなことに心がけていきたいと考えますか。「ねむの木ノート」に書いてみましょう。

（ノート記述）

C12：きまりは守らないと、人に迷惑がかかります。自分は生活を送る中で、守っていきたいです。

C13：ルールやマナーを進んで守り、自分たちが自分勝手な行動をとらないようにしたいです。

C14：自分のことだけを考えるのではなく、相手のことを考えて行動することを心がけていきたいです。自分が楽だからルールやマナーを守るのではなく、どこにいてもみんなのことを考えていきたいです。

> T7：このように考える人たちがつながっていくと、どうなると思いますか。

C15：みんなが、一緒に生活している人が、気持ちよくなるまちになっていくと思います。

板書
- 自分勝手にしない。
- 生活の中でみんなが気持ちよく。
- 相手を思いやる。→　つながっていく。
- （みんなの心に入っている）良心（がもとにある。）

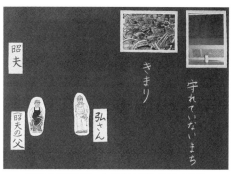

気付く場面で扱った資料を基に考えさせる

児童の発言を基に板書構成を工夫する

7　考察
(1)　主体的に自分との関わりで考える授業について

　児童は、ねらいとする道徳的価値について、自分との関わりで考えることにより、人間理解、価値理解へとつながって自己理解も深まっていく。展開の「つかむ」段階において、「新しい看板を見た昭夫の気持ちを考えよう」と発問したのは、きまりを作らないお父さんに対して疑問を抱く昭夫に共感していた児童に、自分事として考えさせる意図からであった。自分の思いどおりにいかなくても、あえてきまりを作らないお父さんの思いに気付いた昭夫の気持ちを考えさせるために、児童の発言を結ぶ補助発問として「違う角度で見た人は」と問うた。そして自分の経験に基づくさまざまな見方の発言が出され、お父さんの生き方に対する考えを深めることができたと考える。

　さらに、お父さんが人々の良心に訴える方法として考えて作った「新しい看板」や「カナリアのキーホルダー」と、「自転車の鍵」の模型を黒板に掲示し、実際に児童の目を見て鍵を渡す動作化も加えた。その上で3〜4人で構成するグループの話合いを行うことにより、規則を大切にすることについて、より多様な見方に気付かせるようにした。

(2)　多様な考え方、感じ方と出合い交流する授業について

　本時では、「深める」段階にみんなで考えていきたい内容として、児童から「あえてきまりを作らないということはどうしてなのか」という発言があった。「広げる」段階において、課題について考えさせるために「あえてきまりを作らないまちにしていくために心がけていきたいことは何か」と発問をし、「ねむの木ノート」に記述させる時間を設けた。自己と向き合い、自分の考えを文章で表出させたことにより、より客観的に自己を見つめ、それぞれが思う多様

な考え方や感じ方と出合い、交流し、ねらいとする道徳的
価値の理解を深めることができたと考える。

　ただ、本時では、「まち」に対する児童の意識が低かっ
たように思う。これは、やはり課題作りの中で児童の思い
と指導者の思いとのずれがあったことが原因として考えら
れる。児童を「社会」に目を向けさせるためには、「気付
く」段階でより広い視野から考えさせる手立てを組み込む
必要があったと思われる。

「ねむの木ノート」に自分の考えを表出させる

（中川由子）

⑹　第6学年

1　主題名　くじけず努力する強い意志（A　希望と勇気、努力と強い意志）

2　ねらいと教材名

　◇ねらい　障害や困難にあった時に諦めてしまう心の弱さに打ち勝つ気持ちを考えることな
　　　　　　どを通して、夢や希望をもち、粘り強く頑張ろうとする心情を育てる。

　◎教材名　「卒業制作100点満点」（自作資料）

3　主題設定の理由

⑴　ねらいとする道徳的価値

　第5学年及び第6学年の内容の「A　希望と勇気、努力と強い意志」は「より高い目標を立
て、希望と勇気をもち、困難があってもくじけずに努力して物事をやり抜くこと」とある。こ
れは、自分の目標をもって、勤勉に、くじけず努力し、自分を向上させることに関する内容項
目である。この内容項目は、次のように発展していく。

低学年	中学年	高学年	中学校
自分のやるべき勉強や仕事をしっかり行うこと	自分でやろうと決めた目標に向かって、強い意志をもち、粘り強くやり抜くこと	より高い目標を立て、希望と勇気をもち、困難があってもくじけずに努力して物事をやり抜くこと	より高い目標を設定し、その達成を目指し、希望と勇気をもち、困難や失敗を乗り越えて着実にやり遂げること

　高学年の段階は、児童それぞれが高い理想を追い求める時期であるといわれている。一方、
自分に自信がもてなかったり、思うように結果が出なかったりして、夢と現実とのはざまに心
が揺れる時期でもある。このような時期であるからこそ、さまざまな生き方への関心を高める
とともに、自己の向上のためにより高い目標を設定することが大切である。そして、その達成
を目指して希望と勇気をもち、困難があってもくじけずに努力しようとする忍耐力と強い意志、
そして、実行力を育てる必要がある。

　そこで、児童が障害や困難にあったときに、自分の夢に向かって踏み出す勇気を捉えさせた
いと考えて指導した。特に、努力し続けることが、自分の将来の道をつくることになり、苦し
さを乗り越えることこそ、喜びにつながることを身に付けさせたいと考える。

(2) 児童の実態

　1学期の道徳の時間「心をつなぐ音色」では、盲目の主人公がいかなる困難をも乗り越えて、世界コンクールで優勝する姿を通して、より高い目標や継続した努力が必要であることを自分事として考えさせた。また、自立し、よりよく生きていくという態度を育てるために、国語科における「未来がよりよくあるために」の学習では、未来にとって自分は大事な存在であることを学び、家庭科における「考えようこれからの生活」の学習にも関連させてきた。さらに、音楽科では、日本人がいかなる困難な時代もずっと大事にしてきた歌詞や旋律の美しさについて「滝廉太郎の歌曲」の学習で感じ取らせた。

　このような指導を通して、自分の夢に向かって踏み出す勇気や努力し続けることが、自分の将来の道をつくることになることを理解し、そのように努力して生きる自己像を形作ってきたように考える。しかし、そのような自己像が形作られる一方で、より高い目標に対して、しりごみしたり誰かの積極的な行動を待っていたりする心の弱さも見られるようになった。

　そこで、自分の立てた大きな目標に対して「自分がやらなければならない」という、人に頼らず、自分で考え、行動を起こす勇気についてさらに指導したいと考えた。そして、物事を成しえた達成感を味わうことで、困難に打ち勝つことの喜びや、苦しさの中にこそ喜びはひとしお大きいということを感じさせたいと考えた。

(3) 教材への思い

　夢や目標に向かって進んでいく中で、大きな障害や困難に出合ったとき、どのような考え方や乗り越え方があるかを自分の心に問いかけるようにしたい。

　本教材は、どんなことにも諦めず自分の努力を重ねていくことが、自分の生きる道を築いていく土台となるということを、自分たちと同じ6年生の主人公に自我関与して考えさせやすい教材であると考える。主人公が成し遂げたことによる大人の気持ちやまちまでも変える大きな力を自分との関わりで考えさせ、困難に打ち勝つ喜びなどを感得させたい。そして、その実在の人物から直接話を聞く活動を取り入れることによって、自分の夢に向かってしりごみせず踏み出したり、積極的に行動をとろうとしたりする意欲につなげることができると考える。

4　考え、議論する指導の工夫

(1) 学級の仲間（伝統委員）に連絡をとった「わたし」の気持ちをグループで話し合わせる

　大変なことや苦手なことに一人ででも乗り越えようとする原動力は何なのかということを話し合う。そして、友達の多様な考え方や感じ方と出合い、交流させる。どのような思いで、連絡をとるということが大切なのかを考えさせる。また、自分だったらどうすることが考えられるかということも考えさせる。

諸問題について自分事として児童に捉えさせる

主人公が乗り越えた原動力を話し合う

(2)「夢をかなえることが、生きる喜びになる」
ということはどういうことかを考え、「ねむ
の木ノート」に記述させる

　自分を振り返って成長を実感できるようにし、
今の自分のよさや課題について考えさせる。ま
た、自分はこれから「夢がかなう」ということ
に向かって、どのように頑張っていこうかと、
これからの課題や目標を見付けさせる。そして、
「夢がかなう」ということについて発表させる
ことによって、多面的・多角的なものの見方に
ふれさせる。

実際のパネル画を、音楽を交えた映像で視聴する

「ねむの木ノート」に自分の考えを書く

5　学習指導過程
　展開の大要

	学習活動と主な発問　予想される児童の反応	指導上の留意点
気付く	1　希望と勇気が夢につながることについて考える。 ○あなたが描いている夢は何ですか。 　・プロ野球選手になること。 　・保育士になること。	・努力と夢がつながっていることに気づかせるために『私たちの道徳』のp.18を音読する。
深める	2　教材を読み、自分との関わりで生命の尊さについて話し合う。 ○教材を読み、考えたいことを共有する。 　・「わたし」が伝統委員の友達に連絡をしたところ。 　・「わたし」が除幕式でパネル画を見つめているところ。 　・夢がかなうということ。	・「困難に打ち勝ち卒業制作を作り上げた」ということが「夢の達成」とつながることを捉えるために、「夢がかなう」という言葉に焦点を当てる。

つかむ	<table><tr><td colspan="2">「夢をかなえることが、生きる喜びになる」とはどういうことか考えよう。</td></tr></table> ①活動に移れず、冬休みを迎えることになった「わたし」は、どんな気持ちだったでしょう。 　・誰もやろうと言い出さないし、仕方ないかな。 　・「わたし」がやろうとしていたことは、難しかったかな。 ②伝統委員に連絡をとった「わたし」は、どんな気持ちだったのでしょう。 　・せっかく立てた自分の目標をこのままにしてはいけない。 　・どんなに大変でも自分がやり始めなければ。 　・これまでだって頑張ってきたのだからもうひとふんばり頑張ろう。 ③パネル除幕式でパネル画をじっと見ていた「わたし」はどんな気持ちだったでしょう。 　・勇気をふりしぼって、伝統委員の友達に連絡をとってよかったな。 　・一度は諦めかけたことだったけれど、頑張ってよかった。 　・頑張るとこんなにもいい気持ち、幸せな気持ちになるんだ。	・自分もその立場にあったならばということを考えるために、自分と主人公との関わりを通して心の弱さ（人間の弱さ）を発表させる。 ・自分にとって何が、大変なことや苦手なことも乗り越える原動力であったのかを考えさせるために、自分のこととして考える時間を与える。 ・夢を達成したときの達成感や喜び、生きる原動力を感じ取らせるために、その感動の様子をVTRを使って疑似体験させ、実在の「主人公」の話を聞く。
広げる	3　道徳的価値の理解を基に自己を見つめる。 ❹「夢をかなえることが、生きる喜びになる」とはどのような思いがこめられているのだろう。自分自身を振り返って考えよう。 　・頑張って、自分の折れそうな心も踏んばって前へ進むもの。 　・くじけそうな自分を励まし、努力する。 　・一歩一歩進んでは立ち止まり、立ち止まっては一歩進んで乗り越える。 　・達成したときに自分の喜びや自分の道になる。	・自分のこれからの生活に生かすために、これまでの自分に足りなかったことやこれからの自分に必要なことを「ねむの木ノート」に①「夢」、②「夢がかなう」、③「100点満点」と項目を立てて記述する。
まとめる	4　今日の学習で学んだことを振り返りながら「自己の生き方」について考える。 　・5年生時に作った「命」の詩を読む。 　・「最後の一歩最初の一歩」を歌う。	・「命」の詩を皆で作った活動そのものが、目標を達成するという本時のねらいとする道徳的価値に密接に関わっていることを捉えるために、全員に詩を読ませる。 ・卒業に向かって、夢や希望をもち、粘り強く頑張る気持ちを持ち続けるために「最後の一歩最初の一歩」を歌い、歌詞を共有し、心にとどめさせる。

〈板書〉

6　授業の概要

(1)　「わたし」の気持ちをグループで話し合わせる場面

> T1：伝統委員から、あと数か月しかないよ。寒いし、費用もかかるよと言われた直後、
> 私はどんな気持ちだったでしょう。

C1：このままではいけないと思ったけど、どうしていいかわからない。

C2：自分たちで提案したことなのに、このままでいいのか。

C3：このままでいいのか。後悔しないのか。

C4：やっぱり無理なのかな。

C5：みんなが後ろ向きなことが悲しい。でも、どうしたらいいんだろう。

板書

- このままではいけない。

- 自信がない。

- 一人では難しい。

> T2：不安な気持ちはあったけど、伝統委員に「わたし」は連絡をとりました。誰でもな
> い「わたし」が連絡をとりましたよね。「わたし」はどんな気持ちだったでしょう。
> 自分の考えをしっかりもって，グループで話し合ってください。（3〜4名の話合い）

> T3：話し合ったことを基に自分の考えを発表してください。

C6：問題もあるけど、まずは、みんなと協力して大きなものを成し遂げたい。

C7：ここで自分がやらないと他の友達の気持ちも動かない。

C8：6年間通い続けた歩道橋に恩返しをするべきではないか。

C9：今こそ、勇気をふりしぼるときではないのか。

C10：6年間の頑張りを形に残したい。

> T4：「自分がやらないと」という気持ちと同じような人はいますか。

C11：自分がやらないと何も進まないから勇気をふりしぼってみんなに話そう。
C12：自分がやらないと6年間の思い出もつくることができない。
C13：自分が一歩踏み出すことが、みんなの気持ちをまとめることになるのではないか。
C14：自分が一歩踏み出すことが、自分の夢もみんなの夢もかなえることになるのでは…。
C15：何かを成し遂げようと思ったら、自分で勇気をふりしぼることが大事なのではないか。

[板書]

- 自分がやらないと何も進まない。
- 6年間の思い出を大事にがんばりたい。
- 勇気を出すとき。

(2) ねらいとする道徳的価値について自分の考えを道徳ノートに記述させる場面

> T5：自分の心を見つめ、心を広げる時間に入ります。課題について考えてみましょう。

> T6：今までの自分を振り返って、「ねむの木ノート」に「夢をかなえることが、生きる喜びになる」ということについて書きましょう。

（ノート記述）

> T7：発表してください。

C16：何かを成し遂げて、生きていることのすばらしさを実感することが「夢がかなう」ということだと思います。夢がかなうとは、やってよかったと思うことです。
C17：自分に決して負けずに物事に取り組む強い気持ちだと思います。
C18：自分の夢をかなえたときの達成感が、自分の生き方をつくると思います。
C19：大人になって振り返ったときに「頑張ったな」と自分を誉めることができる満足感だと思います。
C20：困難なことが起こったときに、自分を奮い立たせることができる思い出だと思います。
C21：自分一人ではなく、友達とも協力して成し遂げたという喜びだと思います。
C22：誰かに頼ったりせず、自分で頑張ることのできる強い気持ちだと思います。
C23：みんなの思いを自分の一歩で達成したという喜びだと思います。

[板書]

- 生きている中でいいこと「生命の尊さ」
- 自分に負けない「希望と勇気、努力と強い意志」
- 強い気持ち　　・達成感
- 仲間とともに「親切、思いやり」
- みんなの思い「奉仕」

これまでの学習を教室掲示から想起させる

五稜星（学級テーマ）にちなんで考えさせる

7 考察

(1) 主体的に自分との関わりで考える授業について

児童は、ねらいとする道徳的価値を自分との関わりの中で捉えることにより、自己理解を深めていく。今の自分の心の状況を知ることで、ねらいとする道徳的価値に関わる思いや課題を培うことができる。

本時では、教材を読み、考えたいことを共有することによって、「夢をかなえ、生きる喜びになるということは何か」という課題を立て学習を進めた。

また、主人公に共感させるために、1つめの発問の「活動に移れず、冬休みを迎えることになった『わたし』は、どんな気持ちだったでしょう」によって、さらに、自分の経験を語り、人の弱い心にもふれて話すことができた。そして、それを乗り越えるためにどんなことが必要なのかということを考えることができた。これらを通して主人公に自我関与させながら自分の気持ちを発言（発表）することができたのではないかと考える。また、2つめの発問の「伝統委員に連絡をとった『わたし』はどんな気持ちだったのでしょう」に対しては、話合いを用いたことにより、自分の弱さに打ち勝つ気持ちにもさまざまな考えがあることを知ることができた。

(2) 多様な考え方や感じ方と出合い交流する授業について

展開の後段において、「夢をかなえ、生きる喜びになるということは何か」という発問に対し、ねらいとする道徳的価値を多面的・多角的に捉え、仲間とともに頑張ることのすばらしさや生きていることのすばらしさ、皆とともに志を高くして努める奉仕の心である

道徳掲示物により、これまでの授業を想起させる

などの考えを児童は発表した。このことから自己の生き方についての考えを深めることを強く意識させることができたのではないかと考える。

　さらに、課題を追求する場面では、道徳ノート「ねむの木ノート」に記述したことも、児童がねらいとする道徳的価値を自分なりに発展させていくことへの思いや課題を培うことができたといえる。また、多面的・多角的に捉えるためには、これまで行ってきた授業を想起させることもより効果的である。そのために教室後方に学習の足跡を残しておくことが必要である。

（加美山悦子）

（7）　特別支援学級

1　主題名　やさしい気持ち（B　親切、思いやり）

2　ねらいと教材名

　◇ねらい　思いやりのある行動が相手の喜びや自分自身の喜びにつながることを考える学習
　　　　　　を通して、身近にいる幼い人や高齢者にやさしく接しようとする心情を育てる。

　◎教材名　『ジオジオのかんむり』（岸田衿子作　中谷千代子絵　福音館書店）

3　主題設定の理由

（1）ねらいとする道徳的価値

　第1学年及び第2学年の内容の「B　親切、思いやり」は「身近にいる人に温かい心で接し、親切にすること」とある。これは、よりよい人間関係を築く上で求められる基本的姿勢として、相手に対する思いやりの心をもち親切にすることに関する内容項目である。この内容項目は、次のように発展していく。

低学年	中学年	高学年	中学校
身近にいる人に温かい心で接し、親切にすること	相手のことを思いやり、進んで親切にすること	誰に対しても思いやりの心をもち、相手の立場に立って親切にすること	〔思いやり、感謝〕 思いやりの心をもって人と接するとともに、家族などの支えや多くの人々の善意により日々の生活や現在の自分があることに感謝し、進んでそれに応え、人間愛の精神を深めること

　人は自分のことばかりを考えたり、自分の思いだけを主張したりしていては望ましい人間関係を構築することはできない。したがってお互いが相手に対して思いやりの心をもって接することが不可欠である。思いやりとは、相手の気持ちや立場を推し量り、自分の思いを相手に向けることである。そして、それは、温かく見守り接することや相手の立場に立った励ましや援助などを含む親切な行為、相手の嫌がる言動は慎むといった態度などに表れる。しかし、「相手の気持ちを想像する」ことは実際には難しいので、自分の経験に照らし合わせて「自分は手伝ってもらってうれしい。だから相手もきっとうれしいだろう」などと推し量って考えることが思いやりへとつながっていくものと考える。

　これらの心情を育んだ上で、日常的な関わりをもつ人々に対してだけではなく、意識の向き

にくい幼い人や高齢者にも目を向けさせていくことが大切である。そこで、相手を自らの立場でもって考え、その立場から温かい心による思いやりの行為として表れるような心情を育てていきたいと考える。

(2) 児童の実態

　本校の特別支援学級は、学年や発達の段階、障害の種類も個々別々で、生活面、行動面、学習面等においてさまざまな配慮が必要な児童で構成されている。本授業は、学年及び知的な発達段階を考慮して、肢体不自由学級在籍児童1、2年生7名と、知的障害学級在籍児童1年生1名との合同のかたちで学習を行う。

　児童は、年齢や発達の段階、障害の種類や程度もさまざまであるが、今年度入学してきた児童を含め、遊びや生活の中で関わり合いをもつことができるようになってきている。2年生が1年生に掃除や係の仕事を教えたり、休み時間に誘い合って遊んだりする姿も多く見られるようになってきた。泣いている友達にやさしく声をかけてあげたり、靴をうまく履けずにいると一生懸命履かせてあげたりするなどやさしい気持ちをもって生活している。

　また、生活科の「なかよし学校たんけん」で、2年生が1年生の手をひいて校内を案内し、音楽では、1、2年生がペアを組んで楽しく歌ったり身体表現をしたりすることを通して、2年生は思いやりをもって接することを学び、1年生は親切にされるとうれしいことを体験した。体育や自立活動においても、ペア活動やグループでの活動の中で、学級の仲間同士、相手を思いやる気持ちが芽生えてきている。

　一方で、友達以外の身近な人へ目を向けることができていないという課題も見られる。それは学級の仲間以外の人から親切にされることは多いが、常に受け身の姿勢でいるためである。そこで、もっと周りに目を向け自分ができる親切は積極的にすることや、友達以外の身近な人へも温かい心で接し親切にしていこうとする気持ちを育てていくことは、今後の社会参加や自立のためにも大切なことであると考える。そして、自分の気持ちを基に相手の気持ちを考えることや、友達だけではなく、身近にいる幼い人や高齢者にも温かい気持ちで接し、親切にしようとする心情を育てたいと考える。

(3) 教材への思い

　本教材には、年をとった怖いライオンが、弱い小鳥たちを温かい心で守ろうとする様子が描かれており、身近にいる幼い人や高齢者に目を向けさせることができる物語であると思われる。相手のことを考えて温かい心で接し親切にすることが、実は自分の喜びにつながっていることを感じさせるために、最後に小鳥たちの声を幸せな気持ちでじっと聞いているジオジオに十分に自我関与させたい。そして、百獣の王といわれるライオンではあるけれども、実は寂しさを抱えており、灰色の小鳥との出合いによってやさしい気持ちへと変わっていく様子を擬似体験することにより、身の周りの人たちにやさしく接しようとする心情を育てていきた

卵を乗せた冠を実際にかぶって
歩き、思いを発表する

いと考える。

4 考え、議論する指導の工夫

(1) 実体験と結び付けて考え、自分なりに表現するための体験的な活動と教室環境を工夫する

授業の中でねらいとする道徳的価値の自覚を深めるためには、児童が自分との関わりの中で考えられる教材との出合いが必要である。教材に親しみをもたせることは児童の主体的な学びにつながるものと考える。そのためには、感覚を十分に刺

目を閉じて小鳥のさえずりを聞くことにより、満足感を共有させる

激する教材の提示は必要不可欠である。具体物や効果音を用いた中で児童が疑似体験することは、自分なりの気付きや、身振り手振り、表情、言葉など個々の表現が促され、児童相互の交流につながるものと考える。

(2) 意図的体験を基に、ねらいとする道徳的価値について考える工夫をする

ねらいとする道徳的価値の深化のために、生活科における「おじいちゃん、おばあちゃんとあそぼう会」や生活単元学習における「にこにこ交流会」の様子を写した写真を提示し、その時の気持ちを思い起こせるようにする。終末には、映像で児童の「やさしさ」「思いやり」の行為の場面を示しながら、「OMOIYARIのうた」を全員で歌うことにより、温かい気持ちが高まるようにした。

やさしさのある行為の映像を見て『OMOIYARIのうた』を歌う

5 学習指導過程

展開の大要

	学習活動と主な発問　予想される児童の反応	指導上の留意点
気付く	1　ライオンのイメージについて話し合う。 ○ライオンはどんな動物だと思いますか。 　・強い。 　・怖い。 　・動物の王様。百獣の王。 　・他の動物を襲う。	・ライオンについて知っていることを発表させ、教材に親しみをもたせる。
深める	2　教材「ジオジオのかんむり」のお話を聞き、やさしい気持ちについて考える。 ○どんな場面が心に残りましたか。 　・ジオジオが本当はつまらなかったところ。 　・灰色の鳥の話を聞いて、冠に卵を産むよう話すところ。	・主体的に考えさせるために、興味、関心をひくよう、パネルシアターを取り入れ、登場人物の動きをていねいに演じる。 ・場面を振り返ることで教材に親し

	・頭に卵を乗せて、のっそり歩くところ。 ・小鳥の声をうれしそうに聞いているところ。	みをもたせる。

どうしてうれしい気持ちになるのだろう。

つかむ	①キリンやシマウマがこそこそ隠れるのを見て、ジオジオはどんな気持ちだったでしょう。 ・一人ぽっちでつまらない。 ・みんな逃げるから嫌だな。 ・話し相手がいなくてつまらない。 ・年をとってつまらない。 ②卵がみんななくなったという灰色の鳥の話を聞いたジオジオはどんなことを考えていたでしょう。 ・かわいそうな鳥だ。 ・僕と同じでつまらないのだな。 ・灰色の鳥を何とか助けたい。 ・僕にできることはないかな。 ❸卵を頭の上に乗せて、のっそり、のっそり歩くジオジオは、どんな気持ちだったでしょう。 ・卵を大切に守ろう。 ・落とさないようにゆっくり歩こう。 ・雨が降ったら木の下に隠れよう。 ・風が吹いたら卵が飛ばされないようにしよう。 ・大変だな。早く生まれないかな。 ・やめたいな。でも、灰色の鳥のために頑張ろう。 ④小鳥の声をじっと聞いているジオジオはどんなことを思っているでしょう。 ・ひなが生まれてよかった。 ・ひなが元気に育つといいな。 ・灰色の鳥のためにいいことをしてよかった。 ・友達がたくさんできてうれしいな。 ・冠が役に立ったな。	・児童の考えていたライオンのイメージとは違うジオジオの姿に関心をもたせるよう、冠をかぶって気持ちを発表させる。 ・一人ぽっちのときの寂しさを想起させる。 ・T1が灰色の鳥を演じながら問いかけ、悲しい思いをしている人がいることを知ったときの思いを考えさせる。 ・雨や風の効果音を使って臨場感を出し、どんなに大変でも相手のことを考えて自分のできることをしようとするときの気持ちを考える。 ・いろいろな心遣いを実感として捉えられるようにするために、卵を乗せた冠を実際にかぶって歩かせ、その思いを発表させる。 ・目を閉じて小鳥のさえずる声を聞くことにより、相手のことを思ってした行為が自分の喜びにつながることを感じ、満足感に浸らせる。
広げる	3　今までの自分の生活を振り返る。 ○今まで、誰かに親切にしたことはありますか。そのときどんな気持ちでしたか。 ・「となんさん」との交流で、支援学校の友達が転ばないように手をつないであげたら「ありがとう」と言われてうれしかった。 ・「おじいちゃん、おばあちゃんとあそぼう会」で、一緒に遊んでうれしかった。	・道徳的価値の自覚を深めるために、自分たちの活動の様子を写した写真を提示し、「思いやりの場面」やそのときの気持ちを思い起こせるようにする。

ま と め る	4　学級の歌「OMOIYARIのうた」を歌い、思いやりの気持 　ちを高める。 ○「OMOIYARIのうた」を歌いましょう。	・映像で児童の「やさしさ」「思い 　やり」の場面を示しながら、全員 　で歌うことにより、温かい気持ち 　が高まるよう工夫する

〈板書〉

6　授業の概要

(1)　実体験と結び付けて考え、自分なりに表現するための体験的な活動をさせる場面

T1：どうしてジオジオはつまらないの？

（ライオンのかぶり物をかぶる。）

C1：友達とか、いないから。さみしいの。

C2：お話できる人がいないから楽しくない。

C3：何度勝負しても勝つからつまらない。

ジオジオになりきり、つまら
ない表情で語る

T2：ジオジオはのっそり、のっそり歩いて
　　たんだよね。どんな思いでそんなにの
　　っそりのっそり歩いていたのかなあ。

C4：のっそり、のっそり。落とさないように。

（冠をかぶって歩く。）

C5：卵を落とさないように。割れないように。

C6：重いよ。（冠を押さえてしゃがむ。）

「重い」とつぶやきながら歩く

> T3：雨だよ。どうする？

（雷雨の音）

C7：大事な卵が濡れないように。

（木の下に入ってしゃがむ。）

C8：守らないといけない。

C9：青い鳥のため。

雷雨の音を聞き、木の下にしゃがみ込む

> T4：春が来ました。卵は一つ一つかえりました。小さなヒナが七つ生まれました。
> どんな気持ちですか？

（水笛の音）

C10：あのとき頑張ってよかった。

C11：目は見えないけど、耳で聞いてうれしい。ヒナが生まれてよかった。

(2)　各教科の特質を生かした意図的体験を想起し、ねらいとする道徳的価値についての考えを
　　深める場面

> T5：みんなもジオジオのようにやさしい気持ちになったことがあるんだよ。
> どんなときにやさしくなるのかな？

（生活科「昔遊びをしよう」の写真を提示）

C12：おじいちゃん。どんぐりころころの歌を歌ったら喜んでた。

C13：どんぐりごまを一緒に作っていっぱいお話した。

（生活科「おじいちゃん、おばあちゃんとあそぼう会」の写真を提示）

C14：自分だけ楽しくしないでみんなが楽しくなるようにした。

C15：〇〇君の弟（幼児）にもやさしくした。

（生活単元学習「にこにこ交流会」（支援学校の児童との交流会）の写真を提示し、やさしく接
　していた様子を紹介する。）

支援学校の児童にやさしくやり方を教えてあげているときの写真を提示する

T6：みんなのやさしさ、先生も見つけたよ。

「OMOIYARIのうた」を歌いましょう。

（「OMOIYARIのうた」に乗せて、スライドで児童のやさしい行為の場面を流す。）

１番は各自、思い出をつぶやきながら見た。

２番からみんな笑顔いっぱいに歌った。温かい雰囲気に包まれた。

友達にやさしく接しているときの映像を
見て歌う。

7　考察

(1) 主体的に自分との関わりで考える授業について

　教材の中の話のイメージがふくらむよう、教室環境や場面環境を工夫し、動作化や役割演技を取り入れたことにより、児童が教材の主人公に心を重ね、自分との関わりの中でねらいとする道徳的価値をどう捉えているかを言葉にしたり、身振り手振りで表したりすることができた。語彙の少ない児童からも体験的な言葉が引き出され、「聴いて学ぶ」「見て学ぶ」「体験して学ぶ」ことができた。

　しかし、肢体不自由児にとっての動作化には、「やりたいのにできない」などの気持ちを抱かせないような配慮も必要であり、動きが少なくてもよいようにすることも考えなければなら

パネルシアターによって教材を提示する。　　指差しさせながらで心に残る場面を想起させる。

ない。また、情報過多にならず、精選された情報で想像をふくらませことができるようにすることも考えていかなければならない。

(2) 多様な考え方、感じ方と出合い交流する授業について

　生活科で行った意図的体験が授業に結びつき、教材を通して学んだねらいとする道徳的価値との関わりの中で自分を見つめ、気付きにつながっていったと考える。また、児童の行為の様子を写真や映像で提示することで、自分事として考え、気付き、自己理解を深めていく効果があった。

　授業後、写真の周りに集まり、そのときの思いをお互いに交流し合っていた。より深くねらいとする道徳的価値について考えることができるよう、授業の中で十分に時間を確保する工夫が必要である。

やさしい行為の写真を掲示する。

（千葉奈穂美　佐藤敦子）

あ と が き

　本校では、「思いやる心とたくましさを育てる道徳教育」を研究主題に掲げ、重点内容項目として「希望と勇気、努力と強い意志」「生命の尊さ」「親切・思いやり」「規則の尊重」の4項目を中心に取り組んでまいりました。そのための手立てとして、副主題に示した「自己を見つめ、他者との関わりを深める指導の工夫」に着目した実践をまとめたものが本書であります。

　過去20余年にわたって道徳教育の研究を続けてきた本校にとって、教育課程研究指定校事業に取り組むことは、最先端の理論にふれる喜びであり、自らの実践を高めるための絶好の機会でもありました。

　平成30年度から、道徳の時間が「特別の教科　道徳」として全面実施されます。その中では、自己を見つめることや物事を多面的・多角的に考えること、自己の生き方についての考えを深めることなどが重視されています。そのため、自分にとってねらいとする道徳的価値がどうであるのか、自分ならどう考え行動するだろうかと問い続けることが重要となります。さらに、他者の考えを聞くことで、多様な考え方や感じ方に出合うことがこれまで以上に重要になってきます。

　この研究に取り組む過程では、児童に教材文を通して自己を見つめるさせることやお互いの考えを交流させることの難しさを痛感し、悩む日々が続きました。そうした課題に示唆を与えたのは、20余年にわたる先輩方の授業実践や道徳性を養う本校の教育活動であり、目の前の児童の姿でした。振り返れば、先輩方に導かれ、児童に教えられ取り組んできた研究だったと感じています。その結果、研究内容や授業実践に一定の成果を出すことができました。授業中の児童の姿は、ペアやグループなどの話合いを通じて協働的に学び、考えを深めるように変容していきました。また、道徳の時間の評価を試行したことで、児童の成長の様子を見取ることができ、次の指導に生かすことができました。積み重ねてきた研究の成果が着実に実を結んできたことを、実感しております。

　こうした拙い実践をまとめたものでありますが、道徳の特別の教科化を目前にした今、本書を手に取った皆様にとって、「道徳教育」の端緒となる一冊となれば、この上ない喜びであります。

　結びになりましたが、本書の刊行にあたり、特段のご指導・ご助言を賜りました、前文部科学省初等中等教育局教科調査官・赤堀博行様をはじめ、岩手県教育委員会、盛岡市教育員会、岩手県道徳教育研究会の皆様方に、教職員一同心より感謝申し上げます。

盛岡市立河北小学校副校長　　佐々木　悟

〈参考文献〉

○赤堀博行『道徳教育で大切なこと』(東洋館出版社、2010年)

○赤堀博行『道徳授業で大切なこと』(東洋館出版社、2013年)

○赤堀博行『道徳授業の発問構成』(教育出版、2013年)

○文部科学省『小学校学習指導要領解説　特別の教科　道徳編』(2015年)

○長谷徹『「わたしたちの道徳」完全活用ガイドブック』(明治図書、2015年)

○永田繁雄『小学校新学習指導要領の展開　特別の教科　道徳』(明治図書、2016年)

執筆者一覧

● **監修者プロフィール**

赤堀　博行

帝京大学大学院教職研究科教授
前文部科学省初等中等教育局教育課程課教科
調査官（国立教育政策研究所教育課程調査官
兼務）東京都生まれ。小学校教諭及び東京都
調布市教育委員会指導主事、東京都教育庁主
任指導主事等を経て現職
〔主な著書〕
『道徳教育で大切なこと』東洋館出版
『道徳授業で大切なこと』東洋館出版
『道徳授業の発問構成』教育出版
『道徳の時間の特質を生かした授業の創造』
教育出版　ほか

● **著者プロフィール**

盛岡市立河北小学校

昭和29年開校。全校児童140名、教職員23名。
平成４年度より継続して道徳教育の研究に取
り組んでいる。平成27～28年度、国立教育政
策研究所教育課程研究事業の指定を受け「思
いやる心とたくましさを育てる道徳教育」の
研究主題のもと、「特別の教科　道徳」の完
全実施を見据えた研究を進めてきた。
また、平成28年11月には特別支援学級を含む
全学級の授業公開を行い、研究の成果を広く
発信するなど、道徳教育の充実発展の一翼を
担っている。

● **研 究 同 人**

千 葉　　亨	斎 藤 亮 子	佐々木　　悟	工 藤 田 鶴
工 藤　　緑	佐 藤 敦 子	山 崎 幸 江	和 賀 みゆき
小 林　　隆	千 葉 奈穂美	中 川 由 子	加美山 悦 子
菊 地 一 隆	佐 藤 悦 子	髙 橋 淑 子	小野寺 淳 子
長谷川 志 保	今 松 尚 志	遠 畑 雄 大	細 川 千代子
深 見 千 穂	熊 谷 瑠 太	菅 原 まさ恵	林　　カンナ
伊 藤　　潤	中 野　　弘	嘉 藤 健 二	

考え、議論する道徳授業への転換
―自己を見つめ、他者との関わりを深める道徳授業―

2017年8月3日　第1刷発行

監　　修　赤堀博行

著　　者　盛岡市立河北小学校

発行者　山﨑　富士雄

発行所　教育出版株式会社

101-0051 東京都千代田区神田神保町2-10
電話 03-3238-6965　振替00190-1-107340

©H.Akabori　Kahoku Elementary School　2017
Printed in Japan
乱丁・落丁本はお取替いたします。

組版　ビーアンドエー
印刷　藤原印刷
製本　上島製本

ISBN978-4-316-80455-2　C3037